JN251655

育ちを支える

教育心理学

EDUCATIONAL PSYCHOLOGY

谷口明子
廣瀬英子
【編著】

学文社

執筆者一覧

廣瀬　英子	上智大学教授	[第1・2・10章]
荻野美佐子	上智大学名誉教授	[第3・4章]
一前　春子	共立女子短期大学教授	[第5章]
大上　真礼	金沢学院大学講師	[第6章]
谷口　明子	東洋大学教授	[第7・8・9・12・14章]
都丸けい子	聖徳大学准教授・東洋大学（非）	[第11章]
高野　聡子	東洋大学教授	[第13章]

（執筆順）

はじめに

本書は，教育心理学の初学者向けのテキストとして企画されました。「教育心理学」の基礎理論を理解することにより，教育にかかわるさまざまな事象を考える心理学的視座を獲得し，子供の育ちを支える力を涵養することをめざしています。

学力低下，不登校，そして深刻ないじめなど，教育をめぐる問題が新聞やニュースで取り上げられない日はないといってもいいでしょう。本来なら人の育ちを支える場であるはずの教育の場が“何かおかしい……”，このような疑問をもつ読者も多いのではないでしょうか。

ここで，今一度「教育」とは何か考えてみましょう。「教育」を『広辞苑(第六版)』でひくと，「教え育てること。望ましい知識・技能・規範などの学習を促進する意図的な働きかけの諸活動」と定義されています。教育学の立場からは，子供が将来社会生活を営むために必要な知識・技能・価値観の育成という「社会化」と，その子らしさを伸ばしていく「個性化」という２つの機能をもつとされています。

「教育心理学」は，こうした「教育」という日常的な領域を「心理学」という学問体系から考えるものです。つまり，「教え，育てる」あるいは「教えられ，育てられる」という人間の営みを心理学の理論的知識と方法によって科学的に解き明かすことを目的とする学問であり，その学問的知見が，教育実践の改善に貢献することが期待されています。

「教育」は子供時代だけのことではありません。職場での研修などのフォーマルな教育以外にも，私たちは日々周囲の環境から多くのことを学び，教えられ，そして自らも周囲に対して学びの提供者となっています。教育は日常生活のなかで自然に展開する営みなのです。本書では，読者が「教え」や「育ち」を大きくとらえ，ごく身近な現象としてあらためて問いなおし，新たな意味を構築していきたいと思っています。

本書は，「学び」の主体である人間の発達と学びのメカニズムについての基礎理論を習得し，さらに「教え，育てる」という学びと育ちの援助についての理解を深めることをねらいとして編纂されています。各章は，基本事項をおさえることと，わかりやすさを第一として執筆され，章末には，小レポートやディスカッションでも活用できるような課題を入れることで，読者自らがテーマについて考えられるよう工夫が施されています。また，引用文献だけではなく，より発展的に学びたい読者のために「より深めるための参考図書」として文献を数点紹介し，読者の知的好奇心を刺激するような当該章の内容とかかわりのある身近なトピックや最新の研究紹介などを「コラム」として挿入しました。

おかたいイメージの強い「教育心理学」ですが，本書によって，身近な，生き生きとした学問としてとらえられるようになれば幸いです。

2017年3月

谷口 明子
廣瀬 英子

目　次

はじめに

第1章　教えはぐくむ心理学とは ―― 1

1.1　教育心理学の領域〈1〉　1.2　教育心理学の研究法〈1〉

第2章　子供の個人差：知能とパーソナリティ ―― 5

2.1　知能の構造〈5〉　2.2　知能検査の種類と方法〈8〉　2.3　知能検査のもつ問題〈9〉
2.4　性格の理論〈10〉　2.5　性格検査の方法〈13〉
コラム　性格をかたちづくる要因〈16〉

第3章　アタッチメントと人間関係の発達 ―― 17

3.1　親子関係の形成とアタッチメント理論〈17〉　3.2　アタッチメントの生涯発達〈22〉
3.3　ソーシャル・ネットワーク理論〈26〉
コラム　親子関係の困難〈31〉

第4章　認知の発達 ―― 32

4.1　認知発達の過程〈32〉　4.2　イメージの誕生（第一次認知革命）〈36〉　4.3　メタ認知の発達（第二次認知革命）〈39〉　4.4　9歳の壁（第三次認知革命）〈42〉
コラム　概念の発達―生と死の概念〈46〉

第5章　青年期の発達課題 ―― 47

5.1　青年期の発達区分〈47〉　5.2　思春期における身体の発達と心理的変化〈48〉
5.3　アイデンティティの確立〈49〉　5.4　発達課題と精神性的発達〈52〉　5.5　道徳性の発達〈54〉
コラム　民族アイデンティティ〈59〉

第6章　学級集団の理解と活用 ―― 60

6.1　集団の形成と機能〈60〉　6.2　学習集団の理解と教師の影響〈63〉　6.3　集団を活かした学習法〈67〉
コラム　今日からできる！　学習を促す環境づくり〈72〉

第7章　学習の理論 ―― 73

7.1　行動主義における学習：条件づけ〈73〉　7.2　行動主義と認知論〈76〉　7.3　認知心理学における学習〈77〉　7.4　観察学習〈78〉　7.5　さまざまな学習指導〈79〉
コラム　行動療法：学習理論を基礎とした臨床技法〈82〉

第８章　記憶のメカニズム ―――― *83*

8.1　記憶の仕組み〈83〉　8.2　記憶の貯蔵庫モデル〈85〉　8.3　系列位置効果〈87〉
8.4　処理水準アプローチ〈88〉　8.5　記銘方略〈89〉
コラム　忘却のメカニズム〈92〉

第９章　やる気の心理学：動機づけ理論 ―――― *93*

9.1　動機づけとは〈93〉　9.2　内発的動機づけ〈95〉　9.3 原因帰属と学習性無力感〈98〉
9.4　やる気を引き出すはたらきかけ〈100〉
コラム　生涯学習における動機づけ〈103〉

第10章　学びを評価する：教育評価 ―――― *104*

10.1　なぜ評価するのか〈105〉　10.2　いつ評価するのか〈105〉　10.3　誰が評価するのか〈107〉　10.4　どのような基準で評価するのか〈108〉　10.5　何をもとに評価するのか〈109〉
コラム　パフォーマンス評価とポートフォリオ評価〈113〉

第11章　教育相談 ―――― *114*

11.1　教育相談とは〈114〉　11.2　教育相談の進め方とチームによる援助〈120〉
コラム　学校教育でめざすソーシャルサポート〈125〉

第12章　発達障害の理解 ―――― *126*

12.1　発達障害とは〈126〉　12.2　自閉症スペクトラム障害の理解〈128〉　12.3　学習障害の理解〈129〉　12.4　注意欠陥多動性障害の理解〈130〉　12.5　発達障害のある子供への支援の基本〈132〉
コラム　病弱児の理解と支援〈134〉

第13章　特別な教育的ニーズのある子供たちへの支援 ―――― *135*

13.1　障害のある子供たちへの教育〈135〉　13.2　特別支援教育が対象とする子供と就学先の決定〈138〉　13.3　障害のある子供たちの教育課程〈141〉　13.4　学校に通う障害のある子供の暮らしを支える支援〈144〉
コラム　英語で読む特別な教育的ニーズのある子供たちへの支援〈146〉

第14章　キャリア教育 ―――― *147*

14.1　キャリア教育とは〈147〉　14.2　キャリア教育を通して育成したい能力〈150〉
14.3　各学校におけるキャリア教育〈153〉　14.4　教育心理学とキャリア教育〈154〉
コラム　病弱教育におけるキャリア教育―病弱児の社会的自立のために必要な力とは〈156〉

索引【人名】157
　　【事項】158

第1章
教えはぐくむ心理学とは

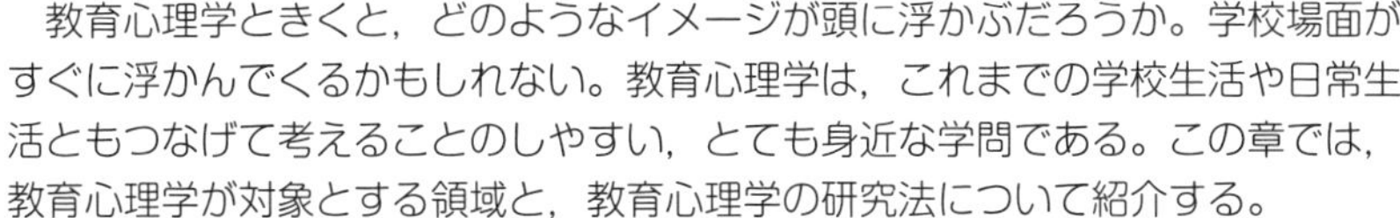

教育心理学ときくと，どのようなイメージが頭に浮かぶだろうか。学校場面がすぐに浮かんでくるかもしれない。教育心理学は，これまでの学校生活や日常生活ともつなげて考えることのしやすい，とても身近な学問である。この章では，教育心理学が対象とする領域と，教育心理学の研究法について紹介する。

1.1　教育心理学の領域

教育心理学は，教育という日常的な事がらを，心理学で培われてきた方法論やアプローチの仕方を用いながら，心理学的な視点でとらえ考えていこうとする学問である。教育心理学の研究領域としては，発達，性格，社会，教授・学習，測定・評価，臨床，障害といったさまざまな領域がある（教育心理学会編，2003）。

子供たちを教えはぐくむ営みを考えるためには，子供から大人へと成長していく発達の過程を理解することはとても大切である。また，学びの過程を理解し，学びの成果をとらえる評価について理解することも大切である。そして，子供たちの学びの援助にかかわることや，のちのキャリアとのつながりを考えることも必要である。

1.2　教育心理学の研究法

教育心理学では，心理学の研究領域で使われる研究法を用いて研究を進めていくことが多い。主なものとしては，質問紙法，観察法，面接法，実験法などがある。

1.2.1　質問紙法

「質問紙による調査法」あるいは「調査法」とも呼ばれる。質問したい内容をあらかじめ調査用紙に印刷しておき，その紙に答えを書き込むというかたちで回答してもらう方法である。回答の形式は，個々の質問文に用意されている選択枝から選ぶという方法をとることが多いが，自由に記述してもらうという方法もある。

質問紙法のよい点として，無記名にすることによって匿名性を確保できること，一度に多くの人から回答を得ることができることなどがあげられる。また，集まった回答の統計的なデータ分析もしやすい。しかし，得られる情報は，もともと調査用紙に準備していた内容についてであるため，あらかじめ想定していなかったことについての情報は得にくいこと，書かれた質問を読んで理解できる年齢である必要があること，などの限界もある。質問を用意するときには，相手に合わせた表現になっているかどうかも気をつけたい。

1.2.2　観察法

観察法は，目の前で起きている事象について，理論的な切り口から考察を深めていく方法である。観察法のよい点として，あらかじめ想定していなかったことが情報として得られる可能性があげられる。また，対象とする年齢にあまり制約がない。

教育心理学での観察法の例としては，学校場面での授業観察があげられる。授業のなかでのやりとりを記録して，そのときの研究の切り口から分析する。また，幼稚園・保育園での子供どうしのやりとりや，子供と大人とのかかわりについて分析するという例もある。

特定の事象が起きたときに観察をするのか，一定の時間帯に何がどの程度起きたかを観察するのかなど，観察の進め方は，研究の目的や切り口によって異なる。観察記録の方法としては，そのときのニーズに合う記録用紙やチェックリストを用意しておいて記入するほか，ビデオなどの機材を利用するなど，その場にあった工夫をして研究を行う。

1.2.3　面接法

面接法は，「インタビュー」ともいわれるように，会話によって相手を理解しようとする方法である。「単に社交的に会話をする」こととちがい，理論的な背景をもって，研究にふさわしい問いかけや聞き方を，自覚をもって行う。そして，そのときの研究の切り口から考察を進めることになる。

面接法のよい点として，観察法と同じように，あらかじめ想定していなかった情報が得られる可能性があげられる。しかし，面接には時間がかかるので，多くの人に面接をするには限界がある。

面接の進め方としては，その手順や内容をどの程度あらかじめ決めておくかのちがいによって，構造化面接・半構造化面接・非構造化面接と区別されている。

1.2.4　実験法

実験法は，事象の因果関係がはっきりしているときや，原因を操作できるときに有効な方法である。条件の統制を行うことによって，原因と結果の関係を示し考察する。

教育心理学での実験法の例としては，新しい教授法の効果を検討するために，その教授法で学ぶ群と従来の教授法で学ぶ群を比較するという例が考えられる。

実験法のよい点として，条件のちがいによって，どのように異なる結果が生まれるかということを，明確に得やすいことがあげられる。統計的なデータ分析もしやすい。しかし，実践場面で条件を変えて効果をみようとするときには，純粋な実験室内での実験と同じように統制することは，なかなかむずかしい。

このようにいくつもの方法があり，「この領域ならこの方法」というように研究の領域やテーマで方法が決まるわけではない。同じテーマを研究しようとしていても，どの研究法を用いるかは，そのときの研究の主眼となることや，研究対象者の年齢，そのときの状況など，さまざまな要因を総合的に考えて決めていくことになる。したがって，どの方法にもなじんでいることが望ましい。

課　題

1．質問紙による調査法のもつ特徴をまとめてみよう。
2．教育心理学の領域で研究テーマを１つ思い浮かべ，どの研究法を用いて研究を進めることができそうかを考えてみよう。

〈より深めるための参考図書〉

南風原朝和・市川伸一・下山晴彦編（2001）『心理学研究法入門—調査・実験から実践まで』東京大学出版会
大村彰道編（2000）『シリーズ・心理学の技法　教育心理学研究の技法』福村出版
渡部洋（1996）『心理・教育のための統計学入門』金子書房

〈引用文献〉

日本教育心理学会編（2003）『教育心理学ハンドブック』有斐閣

第2章
子供の個人差：知能とパーソナリティ

子供たちをみていると，それぞれに個性のちがいがあることに気づくだろう。言葉を使うことに長けている子供がいれば，数字に強く関心をもつ子供もいる。自分の気持ちをあまり自分から表現しない子供もいれば，次々にそれを言葉にしていく子供もいる。教師ならば，一人ひとりのちがいに気づき，それを上手に指導に生かしていきたいと願うことであろう。

個人差を測ろうとする試みは，心理学の研究のなかで，古くから行われてきたことである。これまで個人差がどのようにとらえられてきたかを，「知能」と「性格」という2つの側面からみていこう。

2.1 知能の構造

人間の知能を測定しようとする試みは，1800年代後半に，イギリスのゴールトン（Galton）やアメリカのJ. M. キャッテル（Cattell, J. M.）らがすでに行っていた。1905年に，フランスのビネー（Binet）とシモン（Simon）が，子供たちが小学校に上がる際に特殊学校へ入学するべきかどうかを判断するための指標として知能検査を作成したことが，今日に至る知能検査の始まりとなっている。知能の研究においては，実際の知能検査の開発とは別に，知能の構造を明らかにしようとする理論的な研究も行われてきた。知能の構造としては，スピアマン（Speaman），サーストン（Thurston），ギルフォード（Guilford），ガードナー（Gardner）などの説が有名である。

2.1.1 スピアマンの二因子説

スピアマンは小学生の各種課題成績の分析をもとに，知能は，どの課題にも共通して認められる一般因子（g因子）と個々の課題に固有な特殊因子（s因子）から成り立つとする，知能の二因子説を主張した（金城，2004；中島，1999）。

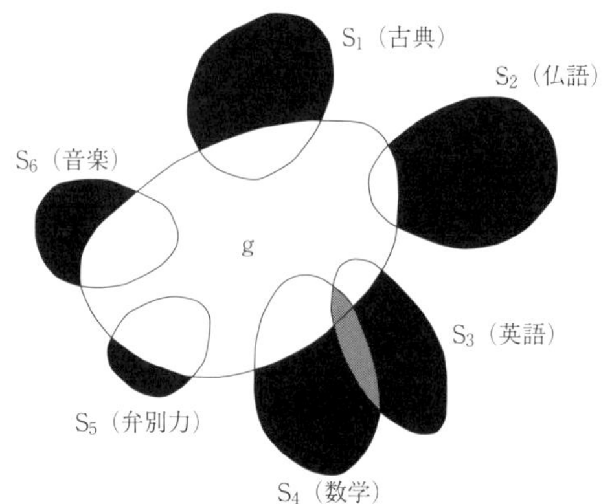

図2.1　スピアマンの二因子説
出所：西村純一・井森澄江編『教育心理学エッセンシャルズ』2006年，p.33

2.1.2　サーストンの多因子説

サーストンは，実際の知能検査データの分析を行った結果，知能はいくつかの基本的な因子を構成要素として成り立っているという多因子説を示した。そして，言語理解，語の流暢性，空間，知覚，数，記憶，推理という7つの因子を基本的精神能力と呼んだ（中島，1999）。

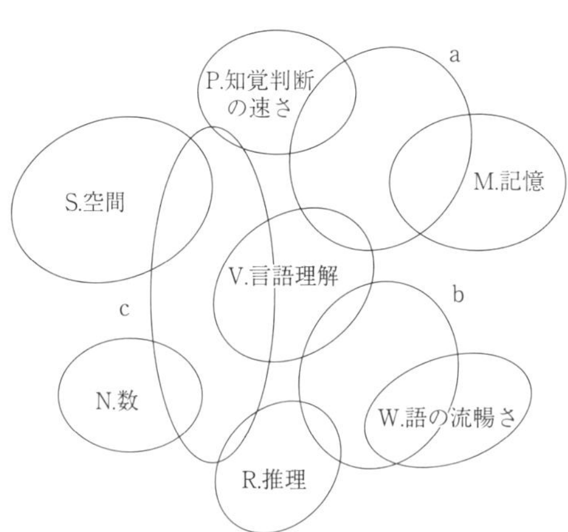

図2.2　サーストンの多因子説
出所：図2.1と同じ

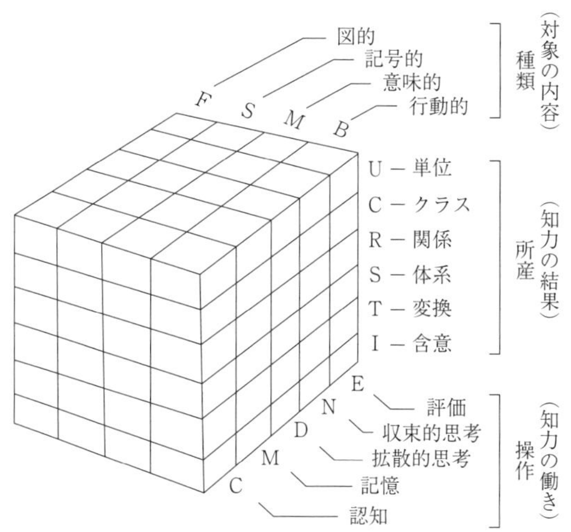

図2.3　ギルフォードの立体構造モデル
出所：図2.1と同じ

2.1.3　ギルフォードの多次元モデル

ギルフォードは，知能の構造を三次元の直方体として立体的に表現した。この多次元モデルでは，知能を情報処理のプロセスになぞらえている。情報処理には入力，操作，出力という流れがあるように，知的行動も，与えられた情報の種類は何か（内容），どのように心的操作を行うか（知的操作），どのように概念化するか（所産）によって整理することができると考え，内容，知的操作，所産を，直方体の三次元に配置した（小泉，2002）。

内容の次元には，図形的，記号的，言語的，行動的の４つの要素，知的操作の次元には，認知能力，記憶，拡散的思考，収束的思考，評価能力の５つの要素，所産の次元には，単位，類，関係，体型，変換，含意の６つの要素をおいたため，知能は４×５×６の120個の因子で構成されるというモデルとなっている。その120個の因子の存在は実証されているわけではない。

2.1.4　CHC 理論

R. B. キャッテル（Cattell, R. B.）は，サーストンのいう多因子で構成される知能の構造も，流動性知能と結晶性知能という２つの因子にまとめることができると主張した（中島，1999)。流動性知能は新しい場面に適応するときに必要となる問題解決能力であり，どちらかといえば生得的なもので，教育の影響は受けにくいものと考えられている。流動性知能は結晶性知能よりも早くピークを迎える。それに対して結晶性知能は，大人になるに従って学習や経験を積んで身につけていく（結晶する）ものであり，教育の影響が大きいと考えられている。ピークに達する時期は遅く，老化による衰退は緩やかである。

そしてキャッテルの考えにその後のホーン（Horn），キャロル（Carroll）の考えを統合したCHC理論（Cattell-Horn-Carroll理論）が提唱されている。CHC理論は知能を３つの階層で整理している。第一層には多くの狭義の知能，第二層には流動性知能や結晶性知能などを含む10種類の広義の知能，第三層に一般知能因子（g）をおいている（安藤・鹿毛，2013)。

2.1.5　ガードナーの多重知能説

ガードナーは，知的行動のなかでこれまで学校生活などで尊重されてきた言語的知能，論理数学的知能のほかに，芸術性に関与する音楽的知能，身体運動的知能，空間的知能や，他者や自己を理解する能力としての対人的知能と内省的知能という知能を取り上げている（ガードナー，2001)。これらの知能は互いに独立して発達し，独立に機能するものと考えられている。この理論は共感を得やすいが，従来の知能検査では測りにくいため，実証することはむずかしい。

2.2　知能検査の種類と方法

2.2.1　ビネー式知能検査

ビネーとシモンによる1905年の知能検査では，記憶や理解や判断などを重視し，数字の復唱や，いくつかの単語を用いて文章をつくるといった具体的な課題を用意した。結果の表現には，知能の程度が一般的な発達水準でいうと何歳程度にあたるかという「精神年齢（MA：Mental Age)」という概念を用いた。

このビネーとシモンの知能検査はアメリカに渡り，翻訳改訂された。1916年にターマン（Terman）よってつくられたスタンフォード・ビネー式知能検査は有名である。スタンフォード・ビネー式では，結果の表現に「知能指数

(IQ：Intelligence Quotient)」という概念が採用された。知能指数は，知能指数(IQ)＝精神年齢（MA）÷暦年齢（CA：Chronological age）×100で求められる。

日本でもこのスタンフォード・ビネー式知能検査をもとに，鈴木治太郎や田中寛一によって日本に合わせたものがつくられて使われてきている（田中・ビネー知能検査)。ビネー式知能検査は，検査を受ける人と教示を出す人が一対一で行うので，個別式知能検査と呼ばれる。

2.2.2　ヤーキーズ（Yerkes）らのアメリカ陸軍式知能検査

第一次世界大戦中の1917年に，陸軍の新兵を採用するときに使う目的でヤーキーズが中心に作成したのが，陸軍式知能検査（アーミー・テスト）である。軍隊には英語が母国語の人とそうではない人が来るため，言語を使うα版と言語を使用しないβ版が用意された。β版には迷路や図形，絵などが使われた。この陸軍式知能検査は，一度に多くの人に実施できるという特徴があり，その形式を集団式知能検査と呼んだ。集団式知能検査という形式は，のちに軍隊だけではなく学校場面でも使われるようになった。

2.2.3　ウェクスラー式知能検査

ビネー式知能検査は言語能力に対する依存が大きく，対象年齢は子供から15，16歳くらいまでを主な対象にしていたことに対し，ニューヨークのベルビュー病院のウェクスラー（Wechsler）は，1939年に，言語性知能と動作性知能の両方を測定できるような個別式知能検査を開発した。それは，ウェクスラー・ベルビュー検査と呼ばれている。動作性の課題としては，積み木模様の完成や絵の並べ替えなどの課題が使われた。児童用（WISC）と成人用（WAIS）があり，日本でも日本語版が使われてきている。

検査の結果の表現には「偏差知能指数（DIQ：Deviation IQ)」が使われてきた。「偏差知能指数」は，同じ年齢集団の平均値からどの程度偏っているかを，平均が100，標準偏差が15になるようにして示すものである。

2.3　知能検査のもつ問題

知能検査が，どの程度，人間の知能を測っているといえるのだろうか。検査の結果として得られた数値で，その個人の知能のすべてが説明できるとまで考えるべきではないだろう。1つの検査で知能をカバーできるわけはなく，その検査に含まれていない知能は反映されていないからである。だからといって，知能検査で得られた結果をすべて否定することはない。長年かけて開発されてきた知能検査には，それだけの研究の蓄積があり，信頼のおけるものである。

検査を実施する側も検査を受ける側も，知能検査で得られる結果というのは，その検査で使われている課題によって測れることであってそれ以上でもそれ以下でもないということに留意し，過度にまどわされることがないようにしたい。

2.4 性格の理論

知能に個人差があることと同様に，一人ひとりの性格にも個人差があることを，心理学では体系的な理論によって説明しようとしてきた。ここでは，性格の理論として取り上げられることの多い「類型論」と「特性論」という2つの考え方を比べてみよう。

2.4.1 類型論の考え方

類型論とは，いくつかの典型的なタイプ（類型）の性格を用意して，人をそのどれかのタイプに当てはめることにより，「この人はこのタイプに分類されたので，こういう性格である」と理解しやすくしようという考え方である。何をもとにタイプ分けするかという点で，いくつかの異なる類型論がある。体型的な特徴によるクレッチマー（Kretschmer）の類型論，心的エネルギーの向かう方向によるユング（Jung）の類型論，何に価値をおいて生きているかという価値志向性によるシュプランガー（Spranger）の類型論が有名である。

① クレッチマーの類型論

クレッチマーは精神科医としての臨床経験に基づいて，患者の体型と病状の間に一定の関連性を見いだした。そして，健康な人についても体型と性格の関係に一定の傾向がみられると考えた。人を体型によって肥満型（太り型のこと），細長型（やせ型のこと），闘士型（筋骨型のこと）に三分類し（山田，

2004)，それぞれの体型に対応して，躁うつ気質，分裂気質，てんかん気質が多いとした。躁うつ気質は同調性気質とも呼ばれるもので，社交的で融通がきき，ものごとにこだわらないなどの特徴がある。分裂気質は内閉性気質とも呼ばれ，非社交的で無口な面などの特徴があり，敏感な面と鈍感な面を併せもっている。てんかん気質は粘着性気質とも呼ばれ，几帳面，きれい好きなどの特徴をもつとされている（玉瀬，2004）。

② ユングの類型論

ユングは，人の心的エネルギーの向かう方向によって，人を内向型か外向型という２つのタイプに分類した。内向型の人は，自分の内部，自分自身に主に関心が向かう人である。特徴としては，ものごとの本質を重視し，感情は細やかであり，引っ込み思案で環境になじむには時間がかかるなどの面がある。外向型の人は，自分の周囲のものや人に関心が向かう人である。実用性や必要性を重視し，感情はやや雑なところがあるが，社交的で友だちをすぐにつくる，環境の変化にすぐなじむといった面をもっている（山田，2004）。

③ シュプランガーの類型論

シュプランガーは，人が生きていくうえで，何に対してもっとも価値をおいて生きているかという観点から，人を６つのタイプに分類した。６つとは，「理論型」「経済型」「芸術型」「権力型」「宗教型」「社会型」である（玉瀬，2004）。たとえば「理論型」は，科学者のように，真理を探究することに生きる価値を見いだしているタイプである。「権力型」は，政治力をもったり会社の経営者となったりして，まわりを支配する立場になり権力を行使することに生きる価値を見いだしているタイプである。

類型論は，人をいくつかのタイプのどれかに分類して考えようとするので，「この人はこのタイプ」というように分類すれば，その人の全体像を大づかみにイメージしやすいという点で便利である。しかし，人が皆その典型的なタイプにあてはまるとは限らない。個人差のある人々を，２つ３つ６つといった限られた数のタイプのどれかに当てはめることは，実際には無理がある。また，この方法では，個人個人の細かいちがいを説明しにくい。

2.4.2　特性論の考え方

人の行動傾向を特性（trait）と呼ぶ（玉瀬，2004）。特性というのは目に見える形のあるものとして存在するわけではなく，概念的に形づくられた「構成概念」である。特性論は，人の性格を説明するのに重要でありそうな特性をあらかじめいくつも用意しておき，ある人を表現するのに，「この人は，Aという特性とBという特性は強く，Cという特性は弱い」というように，各特性をどのくらいもっているかという量的な記述で説明しようという考え方である。何を特性として用意するかが，研究者によって異なってくる。特性論の研究は，オールポート（Allport）が，英語の辞書から人の態度や行動の特徴を示すような言葉を選び出し分類したところから始まり，キャッテル（Cattell, R. B.）の特性論と，ビッグ・ファイブが有名である（瀧本，2003）。

① キャッテルの特性論

キャッテルは，オールポートの研究を発展させて，性格を構成する特性として12個の根源特性を，そしてのちに4つ追加して16個の根源特性を示した。これらの特性を個人個人がどの程度もっているかを測ることによって，その人の性格をとらえることができるとしている。16個の根源特性とは，和田（1993）によると，分裂的—情緒的，知的に低い—知的に高い，情緒不安定—情緒安定，服従的—支配的，慎重—軽率，責任感が弱い—責任感が強い，物怖じする—物怖じしない，精神的に強い—精神的に弱い，信じやすい—疑り深い，現実的—空想的，無技巧—狡猾，自信がある—自信がない，保守的—革新的，集団依存—個人充足，放縦的—自律的，リラックス—緊張，である。

② ビッグ・ファイブ

数ある研究でいくつもの特性が示されていくなかで，特性は結局として5つに整理することができるという「ビッグ・ファイブ（五因子論）」の考え方が広まっている。ビッグ・ファイブでは5つの特性として，外向性（Extraversion：E），協調性（Agreeableness：A），勤勉性（Conscientiousness：C），神経症傾向（Neuroticism：N），開放性（Openness to Experience：O）を用いている（和田，1993）。

2.5　性格検査の方法

個人個人の性格をとらえるために，これまでにいくつもの性格検査が開発されている。性格検査は，その形式のちがいによって大きく分類することができ，それぞれ「質問紙法」「投影法」「作業検査法」と呼ばれている。

2.5.1　質問紙法

質問紙法による性格検査は，おもに特性論に基づいてつくられている。検査用紙には，性格特性を上手に反映させた短い文が列挙されている。その検査を受ける人は，それぞれの文に対して，たとえば「3．はい，2．どちらともいえない，1．いいえ」というような，3段階や5段階の答えが示されるなかで，自分の最もあてはまる答えを選んで記入する。その結果を決められた手順で集計することにより，その人のもつ特性が量的な値として表現される。集計のしかたがわかりやすければ，その検査を受けた人が自分で結果を集計することもできる。

質問紙法による性格検査は，集団式知能検査と同様に，集団に対して同時に実施できるという利点がある。ただ，実施の際には，あらかじめ決められている適用年齢を守るように注意するべきである。検査を受ける人が，質問文の意味を読んで正しく理解でき，その質問文に対して適切に答えられる程度の年齢になっている必要があるからである。

質問紙法の性格検査で有名なものとしては，Y-G 性格検査（矢田部―ギルフォード性格検査）がある。これはギルフォード（Guilford）らの考案した性格検査をもとに，矢田部達郎らが日本人を対象に標準化したものであり，広く用いられている（和田，1993）。120の質問項目からなり，抑うつ性，回帰性，劣等感，神経質，客観性欠如，協調性欠如，愛想の悪さ，一般的活動性，のんきさ，思考的外向，支配性，社会的外向という12の特性を測定している。

2.5.2　投影法

投影法による心理検査は，心理相談などの臨床場面で使われることが多い。臨床診断の際，人の内面を推しはかることが必要となり，質問紙法による心理検査を使うよりも効果的であると考えられる場合に，投影法による心理検査が使われている。

投影法の性格検査で有名なものとしては，ロールシャッハ・テストがある。ロールシャッハ（Rorschach）が考案したこのテストは，検査を受ける人に，インクのしみのような左右対称の図版を見せて，それが何に見えるかを答えてもらうという検査である。検査を受ける人が何と答えるかで，その人の性格を診断していく。

TAT（絵画統覚検査）という検査も投影法によるものの1つで，おもに人物の書かれた絵を見せて，その絵から自由に物語をつくって話してもらうという検査である。PFスタディという検査も投影法によるもので，二人の登場人物がやりとりしている場面の絵を見せて，次にその登場人物が口にすると思われる言葉を想像して書き込んでもらうという検査である。その場面には，二人のあいだで何らかのフラストレーションが生じている場面が選ばれており，検査を受ける人がそこにどのようなセリフを書くかによって，その人の性格を推しはかろうとしている。

投影法による心理検査は，見る人によっていろいろな受け取り方のできそうな絵や図版を用いているので，検査を受ける人の自由な反応を受け止めることができるという利点がある。しかし，その反応を適切に解釈するためには，検査を行う人が十分な経験と知見をもっている必要がある。臨床心理の専門家でないと投影法による検査を扱うことはむずかしい。

2.5.3　作業検査法

作業検査法による心理検査は，検査を受ける人に一定の作業をしてもらい，そのプロセスを記録して，そこから性格をとらえようとするものである。

作業検査法の性格検査で代表的なものとしては，内田クレペリン精神作業検査がある。この検査は，クレペリン（Kraepelin）の作業理論をもとに，内田勇三郎が発展させて作成したものである（瀧本，2003）。この検査の作業自体は単純である。検査を受ける人は，一桁の数字が縦横に並んで書かれている検査用紙を受け取り，隣り合う数字を足し算して，その結果の一の位を用紙に書き込んでいく。1分ごとに行を替えて下の行に進み，同じ作業を繰り返す。それを15分繰り返し，5分休憩し，また15分続けて終了する。足し算の作業量がどのような変化をたどるか，作業内容はどうかをみていく。

作業検査法による心理検査は，質問紙法とくらべて，検査を受ける人に検査結果の解釈方法がわからず，純粋な回答を得られるという利点がある。作業の速さや注意力，持続性などを推しはかることに向いているため，就職試験のときに経験する人もいるだろう。ただ，投影法と同様，検査の結果を適切に解釈するには，十分な経験と知見が必要となる。

本章では，個人差について知能と性格という2つの側面からみてきた。ふつう教育心理学のなかで個人差を考える場合，単に個人差を測ることをめざしているわけではない。これまでの研究の積み重ねによって開発された検査を用いて，得られた情報を手がかりに，子供一人ひとりの個性を的確に把握し，教育指導や臨床活動に役立たせることをめざしている。性格が異なれば，適した学びのスタイルが異なってくることも考えられる。それは，適性処遇交互作用と呼ばれて研究されている（並木，2004などを参照）。個人差を理解することによって，指導の質が向上していくことが望まれている。

課　題

1. **個性を的確に把握することは，教育の場面でどのように役立つだろうか。自分の考えをまとめてみよう。**
2. **性格検査の方法について，それぞれの特徴をまとめてみよう。**

〈より深めるための参考図書〉

イアン・ディアリ／繁桝算男訳（2004）『知能』岩波書店
詫摩武俊・瀧本孝雄・鈴木乙史・松井豊（2003）『改訂版　性格心理学への招待』サイエンス社
渡部洋編（1993）『心理検査法入門』福村出版

〈引用文献〉

天羽幸子（1988）『ふたごの世界』ブレーン出版
安藤寿康・鹿毛雅治編（2013）『教育心理学―教育の科学的解明をめざして』慶應義塾大学出版会
ガードナー，H.／松村暢隆訳（2001）『MI：個性を生かす多重知能の理論』新曜社

金城辰夫（2004）「個人差」鹿取廣人・杉本敏夫編『心理学 第２版』東京大学出版会
小泉晋一（2002）「性格と知能の理論」小山望編著『教育心理学―エクササイズで学ぶ発達と学習』建帛社，pp.133–147
中島義明編（1999）『心理学辞典』有斐閣
並木博編著（2004）『教育心理学へのいざない 第二版』八千代出版
西村純一・井森澄江編（2006）『教育心理学エッセンシャルズ』ナカニシヤ出版，p.33
瀧本孝雄（2003）「性格理解の方法」詫摩武俊・瀧本孝雄・鈴木乙史・松井豊『改訂版　性格心理学への招待』サイエンス社，pp.33–46
瀧本孝雄（2003）「性格の特性論」同上書，pp.64–79
詫摩武俊（2003）「性格の発達」同上書，pp.80–93
玉瀬耕治（2004）「性格」無藤隆・森敏昭・遠藤由美・玉瀬耕治『心理学』有斐閣，pp.213–234
和田さゆり（1993）「Y–G 性格検査とその他の質問紙法性格検査」渡部洋編『心理検査法入門』福村出版，pp.121–140
山田ゆかり（2004）「性格」山崎史郎編著『教育心理学ルック・アラウンド』ブレーン出版，pp.59–73

コラム　性格をかたちづくる要因

人の性格は，どのように形成されていくのだろうか。この点については遺伝か環境かという議論が長くなされてきた。現在では，どちらかだけが影響しているという考えよりは，遺伝という内的な要因も，環境という外的な要因も，両方とも影響しているとする考えが自然に広く受け入れられている。

詫摩（2003）によれば，外から働きかける環境要因として，社会的，文化的，家庭的環境がとても影響力をもつとされている。私たちは，自分の住む社会のもっている価値観になるべく沿うように生活するわけで，所属している社会から受ける影響は大きい。自分では意識しなくても，風土や宗教，歴史，伝統，習慣といったものを受け継ぎながら，性格がかたちづくられていく。

生まれた家庭の環境というものも自分では選べないものである。親から受ける影響は大きく，またどのような家族構成，きょうだい構成のなかで育つかということによって，性格に個人差が生じてくる。きょうだい構成を例にとると，長子には長子らしい性格をもつものが多く，末っ子には末っ子らしい性格をもつものが多いといわれている。興味深いことに，日本では双生児の兄弟であっても「どちらがお兄ちゃんか」を，周囲がはっきりさせたがる。天羽（1988）によると，一卵性双生児の兄のほうを「お兄ちゃん」として育てるなかで，兄のほうはいかにも兄によくみられる性格，弟には弟によくみられる性格になっているという。

学校に通うようになれば，学校の先生や友人とのかかわりのなかで受ける影響もある。友人とどのような交流をもつか，クラブ活動のなかでどのような役回りをもつことになるかといったことも，性格形成において影響があるだろう。性格は，育つ環境からさまざまな影響を受けながら発達し，徐々にかたちづくられていくものだと考えられている。

第3章 アタッチメントと人間関係の発達

人は社会的動物であり，他者とのかかわりを抜きに人の育ちを考えることはできない。最も身近な親との関係はどのようにつくられ，どのように発達するのだろうか。それは，人の育ちにどのような意味をもつのだろうか。

人は，自分の“親”との関係を常にどこかで意識しながら生きている。それは，乳児期，幼児期，児童期，青年期と発達していくうちに，親子の距離のとり方は異なったものになり，場合によっては，葛藤を深めていくこともあるだろう。

また人は，親子の関係のみではなく，多様な関係のなかで育ち，生きていくものである。このような人間関係の発達をどのようにとらえることができるのだろうか。この章では，親子関係の説明するアタッチメント（愛着）の概念と，アタッチメントの生涯発達，人間関係の広がりについて取り上げる。

3.1 親子関係の形成とアタッチメント理論

3.1.1 親子関係とは何か

子供のいない人はいるが，親のいない子供はいない。すべての人は誰かの子供である。そのような生物学的つながりが親子を説明するものだろうか。見たり聞いたりといった感覚器官はある程度発達して誕生する新生児だが，移動や哺乳といった生存にかかわることは一人ではできず，「未熟な状態」で生まれるのが人間の出発点の特徴である。これは，ヒトの脳がほかの動物に比して大型化したために胎外胎児の状態で生まれるためであるとし，これを，動物学者のポルトマンは「生理的早産」と呼んだ（Portman, 1951）。未熟な状態で誕生することは，結果として養育者の存在を必然とすることとなり，社会的存在としてヒトが位置づけられることとなる。

親子関係について，1950年代頃までは，精神分析理論（フロイト）と学習理論によって説明されてきた。精神分析では，哺乳を通した母親の乳房との関係が基礎となり，その後の人格形成の上で重要な役割を果たすと考えられた。また，学習理論では，飢えや渇き，生理的不快な状態を快に変える際に養育者が関与することから，養育者との関係が二次的（学習の結果として）形成されるとする二次的動因説により説明しようとした。

しかし，このような欲求充足的な関係が親子を説明するには不十分との指摘があるなかで，動物に関する知見から，２つの概念が注目された。１つはハーロウ（Harlow, H. F.）によるアカゲザルの子に対する代理母親の実験から示された「安全基地（secure base）」の概念である。哺乳瓶をつけた針金の代理母親と布製の代理母親を用意したところ，子ザルが恐怖を感じた場面で，布製の代理母親にしがみつく行動がみられたことから，哺乳ではなく感触のよさが関係をつくる基礎としてあるとする「接触慰安説」を唱えた。このとき，子ザルは，布製の代理母親を安全基地，すなわち，安心のよりどころとしていたと考えることができる。

もう１つはローレンツ（Lorenz, K.）によるインプリンティング（刻印づけ）の指摘である。大型水禽類のヒナが，孵化後に最初に目にした特定の対象に対して，親としての刷り込み行動がみられることが示された。親としての刷り込みとは，その対象への接近を維持しようとすること，危険が大きく追尾が困難な状況（追尾努力）ではより強く接近を求めること，そうした対象となるのは，孵化後一定期間（臨界期）に接触した対象であること，その関係がいったんつくられると変更ができないこと（非可逆性）である。

接触慰安説，インプリンティングの研究結果が出された1960年代に，精神分析の流れを汲み，かつ学習理論にも造詣の深いボールビィ（Bowlby, J.）は，WHO から依頼されて行ったホスピタリズム（施設病）の研究をふまえて，これらすべてを総合してアタッチメント理論（愛着理論）をまとめた。

アタッチメント（attachment）とは，生物個体がほかの個体にアタッチしよう（くっつこう）とすることであり，「個体がある危機的状況に接し，あるいはまた，そうした危機を予知し，恐れや不安の情動が強く喚起された時に，特定の他個体を通して，主観的な安全の感覚を回復・維持しようとする傾性をアタッチメントと呼んだ」（数井・遠藤，2005）。

人が，特定の他者に対して，不安が強いときなどに，接近を維持しようとする，そうした安全のよりどころとなる他者がいることが人の育ちにとって重要であり，そうした安全基地があるから，外の世界への探索行動をすることができると考えられる。この場合の接近とは，物理的接近（実際に近くにいようとする，身体を接触されるなど）だけではなく，心理的接近（あるいは，表象的接近，その人のことを心にとどめるなど）も含まれる。親子関係が，哺乳することや，不快からの解放だけだとしたら，虐待を受けている子供が，親を求めることが理解できない。接近によって暴力を振るわれたりしてもなお，その親にくっつこうとするのは，より大きな不安のなかで何とか安心・安全の感覚の回復を求めること，それが得にくい状況であればあるほどより強く求めることがみられる（追尾努力）と関連づけると，納得できるだろう。

3.1.2 アタッチメントの発達

アタッチメント理論においては，個人間の情緒的絆が，個々の個体にとっての重要な生存機能として仮定されている（Bowlby, 1988）。特定の対象への接近の維持は，子供が幼いときには，アタッチメント行動として直接観察することができる。それらは，定位行動，信号行動，接近行動である。定位行動は，対象を視覚的・聴覚的にとらえ，所在情報を保つものである（対象がどこにいるのかをとらえようと，目で追ったり，耳をそばだてたりする行動）。信号行動は，対象を自分に近づけされるものであり，笑いかける，泣き叫ぶ，だっこせがみの身振りなどである。接近行動は，お乳に吸いつく，身体にしがみつく，ハイハイして近づく，歩いて近づくなど，自分から接近を維持する行動である。

誕生直後～３カ月頃は，人の弁別を伴わず，人という存在に定位や信号行動を発する状態にあるが，生後半年頃には，普段よく接触する人を，ほかの人とは区別して，その特定の他者に向けて定位行動を示したり，笑いかける，泣くなどの信号行動を示すようになる。

さらに，生後半年頃～２・３歳頃が，最もアタッチメント行動が強くみられる時期となる。ハイハイや歩行による移動能力の獲得によって接近行動をとることができるようになり，発声や表情，視線などの非言語的手段やさらには言語を獲得することによって，信号行動の多様性を増す時期でもある。分離に対する抵抗が非常に強くなり，養育者が近くにいないと強い不安を示したり，見知らぬ人が近づくと，視線を回避したり，泣き叫んだりなどの人見知り行動がみられる。

子供が自身の安全を確保するうえで重要な役割を果たすものでもあり，養育者との情緒的絆が形成されつつあることを示す意味のある行動である。情緒的絆を結ぶ他者は，行動の準拠枠としても機能するようになる。これを「社会的参照（social referencing）」と呼ぶ。子供自身がどのように判断してよいかわからない状況で，愛着対象を，判断のよりどころとするものである。養育者が強い緊張を示したりする状況で，子供のネガティブな反応が強くみられたりする。このため，子供を安心させるには，養育者を安心させ，養育者とにこやかに話している場を，子供に観察させるなどによって，安心してよい存在（あるいは場面）であることを示すとよい。

３歳頃を過ぎて，子供に表象能力の発達がみられるようになってくると，物理的にその場に存在していない対象であっても，その人のことを頭のなかに思い浮かべることができるようになり，それによって安心を得ることが可能となる。これを「目標修正的協調性（パートナーシップ）の形成」と呼ぶ。特定の人（目標）の状況によって，接近の維持を調整することができるようになり，頭のなかに思い浮かべる（表象的接近）のみでも，それが安全基地の役割を果たすようになる。これ以降，成人になってもこのようなかたちで，自らの安全基地となる対象を保持することは，生涯にわたって続くと考えられる。

3.1.3　アタッチメントの個人差

すべての親子関係が同様のアタッチメント関係を形成するとは限らない。親のかかわり方が異なり，子供が経験する親との関係性が異なれば，当然，アタッチメントの質に個人差が生ずることになる。こうしたアタッチメントの個人差を，エインズワース（Ainsworth, M.）が実証的に測定する方法を考案した。それがストレンジシチュエーション法（strange situation procedure；SSP）である。エインズワースは西欧文化の影響が低いと考えられるアフリカのガンダ族の子供が，初対面のエインズワースに対して，西欧文化圏の子供と同様の反応をすることから，2回の分離と再会の手続きから構成される手続きを考案した。これは，親との分離の際に苦痛（distress）を示すか，再会にあたってスムーズな再会ができるかの観点から，不安の表出，探索行動の制限や復帰の状況などの反応をみるものである。すなわち，マイルドなストレス事態で，子供がどのように安全基地を利用することができるのかを行動観察によってとらえるものである。実施の対象となるのは，接近，信号のアタッチメント行動が強く表れる1歳頃の子供である。アタッチメントのタイプは，表3.1に示すA～Cの3タイプ（のちにDを加えた4タイプ）に分類された。

このようなアタッチメントの個人差はなぜ生ずるのだろうか。養育者側のかかわりとしては，敏感性のちがい，すなわち，子供の発する信号に対して，適切に感知・解釈し，適切な行動を適切なタイミングで返すかどうかとされる。また親側の敏感性は，子供による表出のあり方とも連動するものである。子供側の要因としては，気質（temperament）すなわち，新しい刺激に対する接近

表3.1　SSP（ストレンジシチュエーション法）によるアタッチメントの分類

Aタイプ （不安定／回避型）	分離の際に泣いたりなどの不安を示すことが少なく，再会時にも嬉しそうにしない。親の在不在に影響されず，親を安全基地として用いていることがみられにくい。
Bタイプ （安定愛着型）	分離の際に泣いて後追いをしたりなど不安を示し，親が不在だと探索行動が抑制される。しかし，再会すると機嫌が直り，遊びの再開がみられる。親が安全基地として機能している。
Cタイプ （不安定／抵抗型のちにアンビバレント型）	親との分離に強い不安を示し，再会後に接近や接触を求めるが，機嫌がなかなか直らない。探索への回復がみられにくく，親をたたく，押しやるなどの怒り行動がみられる。
Dタイプ （無秩序型／無方向型）	当初はABCの3分類のみであったが，これらに該当しない「分類不能」の子供が少数ながらいることから注目された。接近と回避の混在した読み取りが困難な行動がみられ，行動がフリーズするなど，親への感情を直接表出すること自体がみられにくい。高率で被虐児が見つかることから，親子関係におけるより深刻な問題をかかえていると考えられるようになった。

―回避，表出の強さや機嫌のよさ，生活リズムの周期性など生まれながらにもち，長期にわたって一貫する個別の特性が検討されており，親と子の双方の特性が相互に影響を与えながら関与していると考えられている。

3.2 アタッチメントの生涯発達

3.2.1 成人のアタッチメント

アタッチメントは行動を通してとらえることができるが，さらに，内的表象に着目することにより，乳児期以降の発達および生涯にわたるアタッチメントの関連性をみることができる。ボールビィ（Bowlby, 1988）は，アタッチメントシステムが効果的に働くには，それぞれのパートナーが内的に自己や他者，あるいは相互作用のパターンの作業モデルを形成することを述べている。このようにつくられる対人関係のモデルを，「内的作業モデル（internal working model：IWM）と呼ぶ。これをふまえて，メイン（Main, M.）は，成人アタッチメント面接（adult attachment interview：AAI）のツールを開発した。これにより，AAI による大人の心の状態と，SSP による子供の行動の関連性を問題とすることができるようになった。AAI は 1 時間ほどの半構造化面接であり，「何を（what）語るか」ではなく，「どのように（how）語るか」，すなわち，親との関係に関する記憶に働きかけるなかで情緒的反応を引き起こし，その語りの一貫性や整合性などをみるものである。SSP における 4 タイプに相当する表 3.2に示す 4 つのタイプがある。

このような成人アタッチメント面接におけるタイプは，乳幼児におけるストレンジ・シチュエーション法（SSP）でみられるタイプと関連がみられる。SSP における安定型（B タイプ）は AAI における自律型に，回避型（A タイプ）は拒絶／脱愛着型に，抵抗／アンビバレント型（C タイプ）はとらわれ型に，無秩序型（D タイプ）は未解決／崩壊型と，それぞれ高い一貫性がみられるとされる。これは単に幼少期の親との関係が，必然的に成人後の親との関係を予測するといったものではない。幼少期の体験そのものが意味をもつわけではなく，それをメンタライズし，体験を内省する能力，すなわち内省的自己機

表3.2　AAIにおける成人のアタッチメントの分類

拒絶／脱愛着型 (Ds: dismissing)	軽視型ともいう。親を理想化して語ったりするが，それを裏づける実際の例をあげることができず，記憶は限定的であり，情緒的な反応が乏しい。
安定―自律型 (F: autonomous)	混乱や矛盾のない一貫した語りを示し，ネガティブな記憶であっても自分なりに意味づけてとらえることができ，内省する能力を示すような語りがみられる。
とらわれ型 (E: preoccupied)	語りは概して長く，詳細な記述に満ちているが，内省は不測している。親とのネガティブな記憶を想起するとそのときの感情にとらわれてしまい，強い怒りや混乱を示したりする。
未解決／崩壊 (U: unresolved)	語りに一貫性がみられず，虐待やトラウマの経験を語るが理由づけに乏しく，ときに奇妙な考えを示す。語りを合理的に理解することが困難であり，未解決の喪失やトラウマが際立つ。

能が発達上の連続性を媒介するものと考えられる。したがって，幼少期に不安定な親との関係を形成していたとしても，ほかの人間関係のなかで親とのポジティブな表象を形成することにより，安定型になる成人が存在することが指摘され，これを「獲得した安定性（earned security）」と呼んでいる。

青年期・成人期のアタッチメントについては，親友や恋愛，配偶関係などにおける対人関係のもち方を通して，個々人のパーソナリティや自己をとらえるといった観点からタイプ分けがなされている。アタッチメント・スタイル質問紙によってなされたハザンとシェーバー（Hazan & Shaver, 1987）による3タイプ分類（日本版は詫摩・戸田，1988）では，SSPに対応させて，安定型，回避型，アンビビレント型が用いられた。これはのちに，内的作業モデルが自己と他者についての表象モデルによって形成されていくことから，自己モデルと他者モデルの二次元について，それぞれ肯定的か否定的かの組合せから成る4タイプ分類が示されることになった（Batholomew, 1990）。自己と他者の双方にポジティブなモデルをもつ安定型（依存性が低く，回避も低い），他者にはポジティブだが自己にはネガティブなとらわれ型，自己にはポジティブだが他者にはネガティブな拒否型，自己も他者もネガティブな恐怖型の4タイプである。これらはいずれも，回避と不安といった二次元構造に集約でき，こうした観点から，成人期以降の病理と対人関係のもち方との関連性が検討されている。

3.2.2 アタッチメントの病理と介入

もともとボールビィの理論は，非行少年における調査に基づくWHOの報告書（1951，1953）から始まったものである。これは，母性的養育を欠く子供が発達上の問題をかかえることを指摘したものであり，「母親剥奪理論」とも呼ばれる。これに対し，さまざまな反論やデータが提出され，ボールビィ自身も少しずつ重点を変えてきた経緯がある。こうした反論の代表的なものはラター（Rutter, 1972, 1979）によるものである。ラターは親子関係にかかわる事例，データを精査し，主たる養育者である母親を欠くことが，子供の発達にネガティブな影響をもたらすわけではなく，それに伴う人間関係の混乱，経済的苦境，情緒的に不安定な環境などの複合的問題によることを示した。

愛着関係がうまく形成されない場合，「愛着障害」として何らかの対応が必要な状態と認識される。これには2つのタイプがあり，1つは，特定の他者を安全基地として安心のよりどころとすることがみられず，情動的な表出も最小限にしかみせないものである。もう1つは，非抑制的で無差別な愛着を示すもので，初対面の人に対してもなれなれしい行動をみせ，一見すると社交性があるように思えるが，特定の重要な他者が成立しておらず，その場かぎりの自己利益的関係でしかない。これらの障害は，虐待や養育者が頻繁に変わる環境などで育つなかで，愛着の対象が成立していない危険な状態を示すものである。

愛着対象の突然の喪失（親との死別）や親の病理による子供の不安定なアタッチメントなども子供の発達上の諸問題につながる危険はあるが，愛着関係が何らかのかたちで形成されているケースと，安全基地をもつ経験がなく育っているケースとでは，問題の質が異なると考えられる（Zeanah & Boris, 2000; Zeanah *et al.*, 2000）。

関係形成の困難をもつ子供たちにどのようにかかわったらよいのだろうか。現段階では，明確な答えはないものの，アタッチメント理論を用いた治療や介入の試みがいくつかなされている。それらの1つは，乳幼児—親心理療法（Infant-Parent Psychotherapy）と呼ばれるものである（Lieberman, 1991; Lieberman & Zeanah, 1999）。これは，現在の親と子供の間の困難と，親の早期関係における情緒的経験の記憶とを往復することにより，現在に過去の未解決の葛藤が混入していることを認識し，理解することに重点をおくものである。

3.2.3 親子関係における分離—個体化過程

アタッチメント理論は，精神分析をその基盤においているが，乳幼児の臨床的観察をもとに，初期の親子の関係形成を理論化したのが，マーラー（Mahler, M.）である。マーラーは，胎内で生理的にも母子一体化した状態から，誕生によって生理的に自立した存在になっていくのと同様に，心理的な自立を1つの過程としてとらえようとした。それを，分離—個体化過程としている。「分離」とは，母親から離れている感覚であり，「個体化」とは母親から一定時間以上離れていることができる能力といえる。不安や緊張があっても自分一人で外の世界に向き合っていける力の獲得である。これは，ボールビィのアタッチメント理論における，安全基地の成立と，それをよりどころとして外界の探索行動ができるようになるということと，重なるものともいえる。ただし，マーラーでは，母親から離れていられる能力の獲得には，精神内界の自己表象と対象表象が安定して確立するといった自己の発達論として側面が重視されているといえるだろう。

マーラーの分離—個体化の段階（Mahler, 1975, 2000）をさらに細かくみていくと，ハイハイや歩行などの移動能力を獲得するのに伴い，特別な対象として認識するようになった母親から離れて，自律的な自我機能を発揮し，それを練習するようになる（練習期：9～14カ月頃）。しかし，新たな経験を重ねていくにつれ，親との強い分離不安も体験し，親から離れて自律することへの欲求と，分離不安に基づく対象への接近の維持への欲求がともに生じ，対立する情緒の葛藤状態（両価傾向）が再接近期（14～24カ月頃）を特徴づけるものとなる。この時期は，魔の2歳（terrible two）とも重なる，自我の主張と親への依存の葛藤のなかで強い情緒的混乱をみせる時期でもある。これを過ぎると，表象のなかで対象を安定して保持することができるようになり，これが対象恒常性の獲得となる（24カ月以降頃）。

このような分離—個体化過程は，乳幼児期にのみみられるものではなく，思春期の葛藤も同様な様相をもっている。マーラーの理論に刺激され，ブロス（Blos, P.）は，第二の分離—個体化過程として，思春期・青年期を位置づけている（Blos, 1967）。第二次性徴がみられ始める小学校高学年から，親との距離をもつようになり，母親と子供との中間対象として同性の友人との関係が重要になってくる。中学生頃は，再接近期と考えられる時期となり，物理的には親と距離をおこうとする一方で，心理的には親に対しては退行し，依存と独立のアンビバレントな感情に本人だけでなく，周囲も振り回されがちになる。親に対して甘えたかと思うと，ムスッとして返答もしないなど，再接近期の葛藤のなかに取り込まれてしまう。

このような過程を経て，親と距離をおくことと，友人関係へと対人関係のシフトがコインの裏表のように生じ，やがて，親との一定の距離を維持することで，自我の安定を図ることができるようになっていくと考えることができる。

3.3　ソーシャル・ネットワーク理論

3.3.1　漸成説とソーシャル・ネットワーク理論

ボールビィのアタッチメント理論は，母子関係という特定の関係を土台にその後の個人の発達が影響を受けるという意味で，「漸成説　(epigenesis)」と呼ばれる。そこでは，子供は母親という特定の一人の人間との関係（モノトロピー，monotropy）が優位で，これがうまく形成されていないと，その後の関係形成もうまくいかないと考えるものである。のちには若干論調が変わってきているところもあるが，基本的には，発達初期の特定の人との愛着関係が，その後の発達において重要な意味をもつと考えるものである。

これに対して，乳児であっても複数の人との関係を取り結ぶことができ，そうした社会的ネットワークの網の目に支えられて子供が育っていくと考える考え方がある。これは，ソーシャル・ネットワーク理論としてルイス（Lewis, M.）や高橋が整理している（ルイス・高橋，2007）。アタッチメント理論が，親子という非対称的な関係に重きをおくのに対して，互恵的関係（他者と感情や経験を共有する関係）も含む多様な関係が存在し，母親の存在はあくまでも重要な対象の一人であって，ほかの対象も心理的機能や社会的役割は異なるものの，それらが重層的に存在することによって個々人が支えられ，発達していくと考えられている。

ソーシャル・ネットワークの観点からは，次の３つのモデルが代表的である。

①コンボイ・モデル（Convoy model；Kahn & Antonucci, 1980）

コンボイとは，護衛艦のことで，生涯にわたる愛着関係は，少数で比較的安定し，受動的サポート，自己肯定，直接的援助を通して，的確にサポートの交換を行うように機能すると考える。ソーシャル・ネットワークは階層を成しており，本人を中心に位置づけた三重の同心円の図版を用いて，それぞれの円にどのような対象が入るかによってとらえられる。

②ソーシャル・ネットワーク・モデル（Social network model；Lewis, 1987）

異なる人間（母，父，仲間など）が異なる社会的要求や機能（保護，育児，養育，遊び，探索／学習，親和など）を充足させるマトリックスとしてとらえる。

③愛情の関係モデル（Affective relationships model；高橋，1973；Takahashi, 1990）

愛情の関係とは「重要な他者と情動的な交渉をしたいという要求を充足させる人間関係」と定義され，情動的支えを求める要求，情動や経験を共有したいという要求，他者を養護したいという要求の３つの要求が含まれる。

ソーシャル・ネットワーク理論は，アタッチメント理論とソーシャル・サポート研究を結びつけたものともいえる。ここでは，人間関係の枠組みとして，複数の重要な対象が含まれていること，階層構造をなしていること，個人差があること，変容する可能性をもつこと，を重視している。

3.3.2　システム内存在としての人間

社会が複雑化し，最も身近な関係である親子関係のあり方も多様となってくると，特定の親といった対象との関係が個々人の心理的安定のよりどころとなる，とするのでは不十分であり，生涯にわたる個人の発達を，多様な人間関係のなかで，どのように支えていくのか，そこで生じうるダイナミックスに即してとらえていく視点が重要となる。

子供の発達を，個人内の閉鎖的な過程では，より広い文脈でみていこうとするのが，生態学的アプローチとされるものである。ブロンフェンブレンナー（Bronfenbrenner, U.）は，個体の生態学的環境を４つの水準でとらえ，これらが入れ子構造を成したシステムと考えた。個体が直接経験する環境であるマイクロ・システム，複数のマイクロ・システムの相互的関連を示すメゾ・システム，間接的な外部システムを構成するエクソ・システム，諸システムの一貫性を生む文化・社会の信念や情報などにかかわるマクロ・システムである。このシステムにおいては，子供と親という独立の個体を想定するのではなく，子供をとりまく単なる環境として家族をとらえるのでもない。

人は多層的なシステムのなかに組み込まれ，そのなかで周囲の環境からの影響を受け，自身が環境を変えていきながら変化していくダイナミックな存在と考えるものである。

課　題

1．乳幼児期のアタッチメントと成人期のアタッチメントのタイプにどのような関係があるのか，また，なぜそのような関係がみられるのかについて，整理してまとめみよう。

2．安心できる他者の存在は，人にどのような影響をもたらすのか。そのような関係がうまくつくれない場合，どのような問題が生ずると考えられるだろうか。

〈より深めるための参考文献〉

数井みゆき・遠藤利彦編（2005）『アタッチメント：生涯にわたる絆』ミネルヴァ書房

ルイス，M.・高橋惠子編著（2007）『愛着からソーシャル・ネットワークへ―発達心理学の新展開』新曜社

Music, G.（2011）Nurturing natures; Attachment and children's emotional, sociocultural and brain development. *Psychology Press.*（鵜飼奈津子監訳（2016）『子どものこころの発達を支えるもの』誠信書房）

荻野美佐子（1992）「親子・社会的関係の発達」高橋道子編『新・児童心理学講座 第２巻 胎児・乳児期の発達』pp.213-269

〈引用文献〉

Ainsworth, M. D., Blehar, M., Waters, E., & Wall, S.（1978）*Patterns of attachment: A psychological study of the Strange Situation.* Hillsdale, NJ: Lawrence Erlbaum.（2015, *Psychology Press,* より再版）

Bartholomew, K.（1990）Avoidance of intimacy: An attachment perspective. *Journal of Social and Personal Relationships*, 7, 147–178.

Binnggeli, N. J., Hart, S. N., & Brassard, M. R.（2001）*Psychological maltreatment of children*. Sage Publications.

Blos, P.（1967）The second individuation process of adolescent. *Psychoanalytic Study of the Child*, 22, 162–186.

Bowlby, J.（1951）*Maternal care and mental health*. World Health. Organization Monograph (Serial No. 2)

Bowlby, J.（1953）*Child care and the growth of love*. London: Penguin Press.

Bowlby, J.（1988）*A secure base: Parent-child attachment and healthy human development*. New York; Basic Books.

Bronfenbrenner, U.（1979）*The ecology of human development*. Harvard University Press.（磯貝芳郎・福富護訳（1996）『人間発達の生態学（エコロジー）―発達心理学への挑戦』川島書店）

古荘純一・磯崎祐介（2015）『教育虐待・教育ネグレクト―日本の教育システムと親が抱える問題―』光文社

Harlow, H. F.（1958）The nature of love. *American Psychologist*, 13, 673–685.

Hazan, C. & Shaver, P. R.（1987）Romantic love conceptualized as an attachment process. *Journal of Personality and Social Psychology*, 52, 511–524

数井みゆき・遠藤利彦編（2005）『アタッチメント：生涯にわたる絆』ミネルヴァ書房

Kahn, R. L. & Antonucci, T.C.（1980）Convys over the life courses: Attachment, roles, and social support. In P. B. Baltes, & O. B. Brim (Eds.), *Lifespan development and behavior*（*vol.3*）, 253–286. CA: San Diego Academic Press.（遠藤利彦・河合千恵子訳（1993）「生涯にわたる『コンボイ』―愛着・役割・社会的支え」東洋・柏木惠子・高橋惠子編・監訳『生涯発達の心理学 第2巻 気質・自己・パーソナリティ』新曜社，pp.33–70.）

Kempe, C. H., Silverman, F. N., Steele, B. F., Dregemueller, W., & Silver, H. K.（1962）The battered child syndrome. *Journal of the American Medical Association*, 17, 17–24.

Lewis, M.（1987）Social development in infancy and early childhood. In J. Osofsky（Ed.）*Handbook of Infancy*.（Ed. 2）pp.419–493. New York:Wiley.

ルイス，M.・髙橋惠子編著（2007）『愛着からソーシャル・ネットワークへ―発達心理学の新展開』新曜社

Lieberman, A. F.（1991）Attachment theory and infant-parent psychotherapy: Some conceptual, clinical and research issues. In D. Cicchetti & S. Toth（Eds.）*Rochester symposium on developmental psychopathology*, vol.3: Models and integrations Hillsdale, NJ: Earlbaum. pp.261–288.

Lieberman, A, F. & Zeanah, C.H.（1999）Contributions of attachment theory to infant-parent psychotherapy and other interventions with infants and young children. In J.Cassdy & P. R. Shaver（Eds.）*Handbook of attachment: Theory, research, and clinical applications*. New York: Guilford Press. pp.555–574.

Lorenz, K.（1952）*King Solomon's ring*. New York:Crowell（日高敏隆訳（1987）『ソロモンの指環―動物行動学入門 改訂版』早川書房）

Mahler, M. S., Pine, F., & Bergman, A.（1975）*The psychological birth of the human infant*. New York: Basic Books.（高橋雅士・織田正美・浜畑紀訳（1981）『乳幼児の心理的誕生―母子共生と個体化』黎明書房　2000年に25周年記念版が出されている）

Main, M. & Solomon, J.（1990）Procedures for identifying infants as deisorganized/deisoriented during the Ainsworth Strange Situation. In M. T. Greenberg, D. Cicchetti, & E. M. Cummings

(Eds.) *Attachment in the preschool years.* Chicago: University of Chicago Press. pp.121–160.

Portman, A (1951) Biologische Frangmete zu einer Lehre vom Menshen. Basel: Schwabe.（高木正孝訳（1961）『人間はどこまで動物か』岩波書店）

Rutter, M.（1972）*Maternal deprivation reassessed.* Hamondsworth: Penguin.（北見芳雄訳（1979）『母親剥奪理論の功罪—マターナル・デプリベーションの再検討』　誠信書房）

Rutter, M.（1979）Maternal deprivation 1972–1978: New findings, new concepts, new approaches. Child Development, 58, 283–305.（北見芳雄訳（1984）『母親剥奪理論の功罪〈続〉』　誠信書房）

高橋惠子（1973）女子青年における依存の発達『児童心理学の進歩』12, 255–275.

Takahashi, K.（1990）Affective relationships and their lifelong development., In P. B. Baltes, D. L., Featherman, & R. L. Lernaer（Eds.）Life-span Development and Behavior（vol.10）pp. 1 –27. Hillsdale, NJ: Ealbaum.

詫摩武俊・戸田弘二（1988）「愛着理論からみた青年の対人態度—成人愛着スタイル尺度作成の試み」『東京都立大学人文学報』196号, 1 –16.

Zeanah, C. H., & Boris, N. W.（2000）Disturbances and disorders of attachment inearly childhool, In C.H. Aeanah（Ed.）*Handbook of infant mental health*, 2nd ed.（pp.33–5368）. New York: Guilford Press.

Zeanah, C. H.. Boris, N. W., & Lieberman, A. F.（2000）Attachment disorders of infancy. In A. J. Sameroff, M.Lewis, & S. M. Miller（Eds.）Handbook of developmental psychopathology（2nd ed.）, pp.293–307, New York: Kluwer Academic/Plenum Publishers.

コラム　親子関係の困難

虐待件数が年々増加しており，児童相談における児童虐待相談対応件数は，1990年度に約1000件だったのが，2015年度には10万件を超える状況となっている。児童数の減少にもかかわらず，虐待件数がこのように増加しているのはどうしてなのだろうか。

2000（平成12）年に，増加する児童虐待の予防・対応のために「児童虐待の防止等に関する法律（児童虐待防止法）」が制定された。これにより，子供にかかわる専門職は，児童虐待の早期発見に努め，発見した場合（疑われる場合も含む）は速やかに児童相談所などに通告することが義務づけられることとなった。こうしたことから，それまで家庭内の出来事として表に出なかったものが認識されるようになったとも考えられるが，暗数が顕在化したとするには，その増加の度合いが著しい。

親子関係は，身近な関係であればあるほど，そこから逃れることができず，さまざまな困難を内包することにならざるを得ない。虐待の内容としては，身体的虐待，ネグレクト，性的虐待，心理的虐待がある（近年は教育虐待，教育ネグレクトにも注目されている（古荘・磯崎，2015））。身体的虐待は，当初より問題とされた「被殴打児症候群（Kempe *et al.*, 1962）である。心理的虐待は，軽視されがちであったが，ほかのタイプの虐待よりもより深刻な影響を与えると考えられるとともに，近年では報告件数の半数を占めるとするものもある。ただし，何をもって心理的虐待と呼ぶのかには，いまだ一致した見解は得られていない。1983年にアメリカで，「子供の心理的虐待に関する国際会議」が開催されるなど，このタイプの虐待を正面から取り組む努力がみられる。そのなかで示された定義としては，次のようなものがある。

「子供の心理的虐待は，地域社会の基準と専門的知識の両方から考えて，心理的ダメージを与えていると判断される不作為と作為の行為から成る。…このような行為は，すぐにまたは最終的に子供の行動的・認知的・感情的・身体的機能にダメージを与える。心理的虐待の例には，拒否する，恐怖感を与える，孤立させる，利己的に利用する，誤った社会化をするなどがある。（Binnggeli *et al.*, 2001より）」

親による「おまえなんか生まれてこなければよかった」「殺してやる」などの言葉による存在の否定や脅しであり，そうした言葉を繰り返し浴びせられることにより，大きなダメージを受けることになる。

虐待が生ずる背景は多様であり，何か１つの単純な要因のみで説明することはむずかしい。しかし，整理すると次のような問題が関与していると考えることができる。

①親子をとりまく周囲の状況：経済的貧困，ストレスフルな日常，時間的余裕のなさ，サポートを得にくい人間関係など。

②親側の要因：親の DV（ドメスティックバイオレンス），親自身の被虐待体験，精神疾患，ボンディング障害（乳児への情緒的応答性の遅延や希薄，および病的な怒り）など。

③子供側の要因：気質（生理的リズムが不規則，気分的に不機嫌，新しい経験や刺激への回避傾向の強さなど，気質の３タイプのうちの difficult child），発達障害などのみえにくい障害など。

こうした親子関係の困難をかかえる人たちに対しては，親子双方をホールドし，安心できる安全基地の提供が重要といえる。

第4章 認知の発達

人をとりまくモノの世界，ヒトの世界を，どのように認識し，それらとどのようにかかわって成長していくのだろうか。外界とかかわることは，すなわち，外界と対話することであり，そのような対話は，自分自身の内的世界との対話にもつながるものである。

人は，生まれたときから，その生涯を通して，高次な脳機能の発達とその活動を基盤に，知覚，注意，記憶，学習，思考，判断などのさまざまな“知的な営み”を行っている。こうした認知発達の全体的な変化過程を理論化したのがピアジェである。この章では，誕生から青年期までの認知発達について，ピアジェの発達段階論をよりどころとし，全体的な変化過程をおさえた上で，とくに大きな３つの変化点である10カ月頃，５歳頃，９歳頃の認知的発達の節目を中心にみていこう。

4.1 認知発達の過程

4.1.1 脳の発達

一個の細胞である受精卵として誕生したヒトは，誕生時には約２兆個の細胞となり，成人になるまでに約30倍に増えるとされる。しかし，脳の細胞については，誕生から死まで増加することは原則ない。大脳皮質のニューロン（神経細胞）は，その原基が受精後18日頃（全身はまだ２㎜程度のサイズである）にでき始め，誕生時には140億個とされる神経細胞を，私たちは死ぬまでもち続けることになる。神経回路が機能するには，神経細胞から伸びた軸索が標的細胞に接合することによって，信号が変換されなければならない。このような脳のシナプス形成は，部位によって発達の時期にずれがある。運動系のシナプス形成は胎児期からみられ，出生直後の原始反射などの不随意な動きや平衡感覚，協調運動などによる姿勢制御につながっている。随意運動にかかわる神経系の形成は，出生直後から始まり，指先を用いた微細な運動とかかわり，これは2歳頃までに完成する。

聴覚系は，胎齢7カ月頃から発達がみられるが，比較的その発達はゆっくりであり，3～4歳頃まで続く。これは言語の獲得と深くつながるものである。視覚系は，出産後に光刺激を受けることにより急速に発達し，4～5カ月頃までに完成する。光に反応する網膜上の細胞も，明暗にかかわる桿体細胞は早期に発達するが，色を感知する錐体細胞は3カ月頃に遅れて発達することから，色への反応は遅れることになる。

大脳辺縁系の帯状回と呼ばれるところは，情動系にかかわる部位であり，この髄鞘化は，生後2カ月頃に始まり，10カ月頃に完成する。この頃になると感情の分化も進み，多様な感情表出がみられるようになる。

前頭前野は，最も遅く発達する部位だが，人が他者とかかわるうえで重要な社会脳や行動の制御にかかわる実行機能（executive function）にかかわる部位とされ，幼児期から児童期に発達する。実行機能とは，目的に向けて計画を立てて結果を予測する能力，行動を認知し評価する能力，自他を理解する能力，抑制する能力などがかかわるものである。

ニューロンのシナプス形成には，形成（formation）と刈り込み（pruning）がある。脳のネットワークは，外界からの刺激を受けてまずは過剰に形成されるが，そこから刈り込みの過程を経て必要なものだけが残されていく（図4.1参

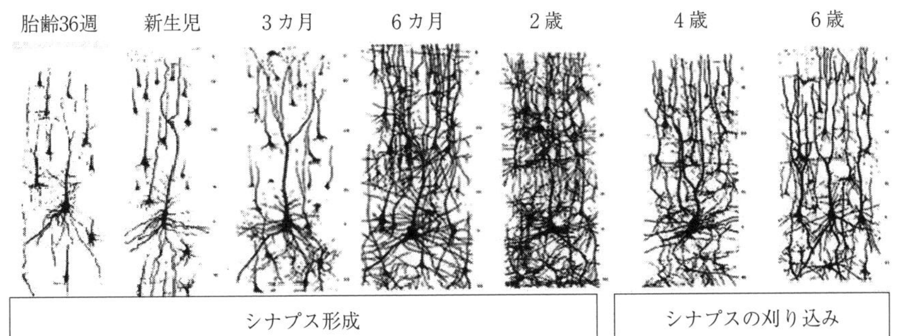

図4.1　大脳皮質のシナプス形成と刈り込み
出所：Conel 1939-1967より

照)。大きくは，2～3歳頃および思春期に密度の低下がみられる(Huttenlocher & Dabholkar, 1997)。このような幼児期以降の脳の発達においては，3歳頃，6歳頃，10歳頃に変曲点があり，20歳頃（成人）を100とすると，3歳60%，6歳80%となり，10歳に成人に近い状態となる。

4.1.2　ピアジェの発達段階論

脳機能の発達に関する知見とは別に理論立ててはいるが，子供の観察や実験をふまえて理論化したものとして，ピアジェの発達理論がある。これは，発達を捉える際の貴重な手がかりとなるだけでなく，前項で指摘した脳機能の発達とも深くかかわって理解できるものである。

ジュネーブのルソー研究所で長らく子供の認知発達の研究を行ってきたピアジェ（Piaget, J., 1896-1980）は，子供の認知（思考・知能）の発達を大きく4つの段階でとらえた（図4.2参照)。発達段階論とは，発達が質的構造的変化を内包しつつ，段階的に変化していくと仮定するものである(各段階の特徴とおよその年齢を示す)。

Ⅰ．感覚運動的段階（sensorimotor stage)：(～1歳半または2歳）視聴覚，触覚などの感覚と自らの運動が直接結びついており，外界に直接働きかけるなかで外界の認識がなされる。この段階はさらに6つのサブステージに分けられる(次節で取り上げる)。

Ⅱ．前操作的段階（preoperational stage)：(～6，7歳頃）乳児期の終わり頃よりイメージや象徴が発達し，象徴的遊び（ごっこ遊び）などが行われ，言語も発達するが，概念は大人のものとは異なり，この時期固有の思考がみられる。それらは，自己中心性（中心化）と呼ばれるものである。

Ⅲ．具体的操作の段階（concrete operational stage)：(～11，12歳頃）自己中心性から脱却し（脱中心化)，見た目に左右されない論理的な判断や推理が可能となるものの，具体物に依存した理解にとどまる。ただし，この時期の後半（9，10歳頃）ではより高次で抽象的な事柄の理解も可能となり始める。

Ⅳ．形式的操作の段階（formal operational stage)：(11，12歳頃以降）抽象的な思考が最高の段階に達し，仮説演繹的推論，命題論理的思考が可能となる

(「もし○○だったら△△になるだろう」など)。

段階名にある「操作 (operation)」とは，行為が内化され，頭のなかでイメージや概念を“操作”すること，すなわち頭のなかでの思考をすることである。4つの段階のうち，Ⅱ，Ⅲ，Ⅳは「表象的思考段階」とされ，感覚運動期の終わりに可能となるイメージを使う能力に基づいての思考が発達する。また，表象的思考段階は，Ⅱの前操作的段階とⅢ，Ⅳの操作的段階に分けられる。

このような段階移行は，時期にずれがあるとしても，その順序性は常に保たれ，文化や環境の違いの影響はないと当初考えられていた（領域普遍性）が，その後の研究から，必ずしもこの順序性どおりに発達するとは限らず，認知の領域によって，あるいは経験する領域のちがいによって，個人差がみられる（領域固有性）も指摘されている。

ただし，いずれにおいても，子供が外界と積極的にかかわることを通して，認知の発達が進むことについては，共通しており，基盤となる脳機能の発達の知見からも裏づけられるといえよう。

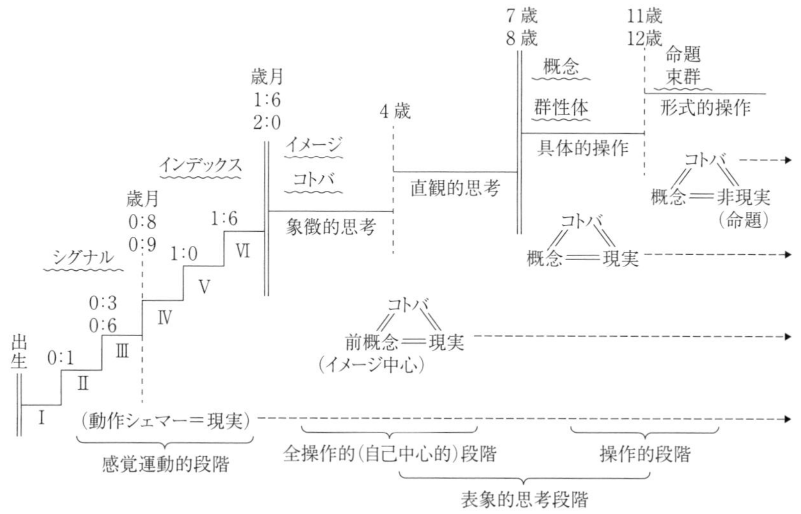

図4.2　ピアジェによる発達段階
出所：岡本，1973より一部改変

4.2　イメージの誕生（第一次認知革命）

4.2.1　乳児期の認知

感覚運動的段階においては，ピアジェはこれを6つの下位段階に分けてその特徴をとらえている（表4.1参照）。誕生直後は，原始反射として歩行反射，把握反射（ダーウィンの反射），吸啜反射などがみられ，これらによって外界にかかわっているが，大脳皮質の成熟に伴って原始反射は消失し，随意的運動（自分の意思による運動）に切り替わっていく。感覚器官についても，それぞれに未熟さはあるが，胎児期から少しずつ発達しており，胎児期の経験による学習（胎内で聞きなれた母親の声に出生後間もなく反応する）（DeCasper & Fifer, 1980），生得的にプログラムされていると考えられる顔パターンへの好み（Fantz, 1961; 高橋，1973）などが早期からみられることが指摘されている。また，特定刺激に対する反応のみでなく，触覚と視覚の感覚間様相の統合が1カ月児でもみられる（Meltzoff & Borton, 1979）。彼らの実験では，表面がツルツルのおしゃぶりとイボイボのおしゃぶりの一方をしゃぶらせたあとでそれぞれの絵を見せると，直前にしゃぶったおしゃぶりの絵を注視することから，口のなかでの触覚で経験したこと（触覚情報）を，絵（視覚情報）に結びつけることが可能としている。

もっと複雑な認知も早期からみられることが巧妙な実験で示されている。ベイヤールジョンたち（Baillargeon, Spelke, & Wassermann, 1984）は5カ月児に対する驚き反応を用いた実験から，物理的に可能な事象と不可能な事象を区別し，不可能事象の映像を見ると驚きの反応を示すことを報告している。ボードがうしろに倒れる様子を2つの状態で見せる。1つは，ボードのうしろに物があるために，ボードは完全に倒れずに途中で止まり，また元に戻る状態（可能事象），もう1つは，物がうしろにあるにもかかわらず，完全にうしろに倒れてしまったのちにまた元に戻る状態（不可能事象）である。後者を見た場合に驚きを示すことから，5カ月児が，見えないうしろの物の存在を保持し，急に消えてなくなったりはしないという認識（物の永続性）を成立させているとす

表4.1　感覚運動的段階の６つの下位段階

Ⅰ	生得的反射の時期（０～１カ月）： ［原始反射］ 生得的シェマの行使（吸啜反射，把握反射など）
Ⅱ	第一次循環反応の時期（１～４カ月）： ［最初の獲得性適応］ 自分の身体に限られた感覚運動のくり返し（手に持ったガラガラを見つめるなど）
Ⅲ	第二次循環反応の時期（４～８カ月）： ［興味ある光景を持続させる手段の適用］ 複数のシェマの協応（偶然得られた結果を反復；ガラガラを振るなど）
Ⅳ	二次的シェマの協応と適用（８～12カ月）： ［手段―目的関係］ 対象の永続性の成立（イナイナイバー遊びが成立，手段（障害物を取り除く）と目的（対象物）の関係が成立（輪につながった糸を引っ張り，輪を動かして遊ぶなど）
Ⅴ	第三次循環反応の時期（12～18カ月）： ［能動的実験による新しい手段の発見］ 新しいシェマの探求，試行錯誤的くり返し（わざと物を落としてみるなど）
Ⅵ	心的結合による新しい手段の発見（18～24カ月）： ［心内でのシェマ同士の結合］ 表象（イメージ，象徴）の出現（試行錯誤でなく突然の再体制化），延滞模倣，ふり，見立て，ごっこ遊びなどが見られはじめる

注：［　］内は中心となる特徴

るものである。これは，ピアジェが対象の永続性が成立するとした月齢よりも早い時期に成立していることを示すものであり，調べる方法の工夫をすることで，乳児はかなり早くからさまざまな認識を発達させている可能性があると考えることができる。

生後１年目の後半にみられる発達については，多くの研究が一致しており，ピアジェが指摘するように，感覚運動期の最後の時期に生ずる大きな変化は，イメージが使えるようになることである。生後10カ月頃にみられるイメージの誕生を，認知発達の質的変化の時期として，「第一次認知革命」と内田（2007）は名づけている。この時期の変化は，大脳辺縁系の海馬（体験を記憶貯蔵庫に転送する働きをもつ）と扁桃体（快不快感情が喚起される）の神経ネットワークが作られ，五感を使った体験の記憶がイメージとして再現されるようになることによるものである。

乳児期の認知発達は，現前する事象への直接的反応から，頭のなかで何かを思い浮かべる能力（イメージする力）により表象機能が芽生えてくる時期といえる。その現れとしては，延滞模倣（モデルが目の前にいなくてもその行動を模倣するもの。リモコンのスイッチを親がするようにテレビに向けて押してみる，など），見立て遊び（木切れを口に当てて食べるような様子をする。木切れを食べ物に見立てて遊ぶもの，など）などがある。また，言語はその最たるもので，空のコップを口に当てて「ジュース」あるいは「オイチ」といって美味しそうに飲む真似をするのは，実際にないジュースを頭に思い浮かべてイメージしているからである。言語はその牽引役を果たすことにもなる。

4.2.2　言語とコミュニケーションの初期発達

人がほかの動物と区別されるのは，二足歩行，道具の使用，そして言語の使用の３つであるとされる。これらはいずれも生後１年頃に獲得されるものである。ポルトマン（Portman, 1951）が，人間の乳児を生理的早産（胎外胎児）といったように，人間らしい特徴を備えて誕生するには，あと１年母胎内にいる必要がある。この早産のために，人間は環境の刺激を受けて，その環境に適した発達をすることとなる。どんな言語環境に生まれても，その子は周囲で話されている言語を母語として獲得することになる。実際に言語を使えるようになるのは，１歳頃だが，それまでの前言語期の他者との相互作用や，言語的入力，認知発達が言語を準備するものとなる。

前言語的コミュニケーションの発達において，重要な変化点が２つある。１つは生後３カ月頃にみられる二項関係の成立（第一次相互主体性，primary intersubjectivity）と８，９カ月頃にみられる三項関係の成立（第二次相互主体性，secondary intersubjectivity）である。二項関係とは，子供が自分とモノ，自分と他者という２つの項をそれぞれ結びつけた反応をする時期である。モノに働きかける，他者に笑いかけたり泣いたりする反応をすることがみられる。そして，８，９カ月頃になるとこのような二項が相互に連関し，三項（自分，他者，モノの三角形）の関係を結ぶようになる。ここで「モノ」とカタカナにしたのは，三項関係における媒介物は物理的な物に限定されず意図内容であったり概念的なものも含みうるからある。おもちゃを母親に差し出す，母親が差し出しているおもちゃを見る，その際におもちゃと母親の顔を往復するような視線を向けるようになり，自己―モノ―他者（相手）の三項関係が成立する。このような三項関係は，コミュニケーションの主体，コミュニケーションの相手，コミュニケーションの内容であり，“誰かに何かを伝える”というコミュニケーションの基本構造である。このような三項関係は言語あるいは概念獲得の基盤となるものである。三項関係が成立することは，指さしや発声によって誰かに何かを伝える，という意図的行為がみられる，ということである。このため，言語獲得そのものは個人差があることから，1歳半健診時に発語がみられない子供もあるが，指さしがみられるかどうか，ふり遊びや見立てなどのイメージを使った遊びが見られるかどうかは，発達上の重要な指標としてチェックする行動の1つである。

4.3　メタ認知の発達（第二次認知革命）

4.3.1　幼児期の発達的特徴

ピアジェは幼児期の発達的特徴として，自己中心性（中心化）をあげたが，この特徴は，「3つ山問題」の視点取得課題において確認されている。3つ山問題とは，底面積，高さの異なる3つの山を並べたときに，見る位置によって見え方が異なるにもかかわらず，幼児が自分の視点に中心化してしまうことを示したものである（Piaget & Inhelder, 1956)。これは，他者の視点がとれないことの現れとは限らず，自分の見えと他者の見えが異なることは認識している（レベル1は通過）が，どのようにちがうのかがわからず（レベル2は不通過），自分の見えを答えてしまうとも考えられる（Flavell *et al.*, 1981)。

ピアジェがあげた幼児期のもう1つの特徴は，保存の不成立である。保存とは，見た目がちがっても，数，量，長さ，重さなどの物理的特性については，変化しない（すなわち保存される）ことを理解することである。しかし，幼児期の子供は，同じ大きさのコップにジュースを注ぎ，同じ量であることを確認したあと，一方のコップの中身を別の形のコップに目の前で移すと，見た目の変化（底面積の大きなコップであれば高さが低くなり，底面積の小さなコップならば高さが高くなる）により，多くなった（少なくなった）などと答えてしまうことから，量などの保存が不成立としたものである。この特徴も，上記の中心化と同じ認知の特徴を示すと考えられる。視点取得では自分という１つの視点に中心化してしまうが，保存課題では，現在の見え，あるいはそのなかの底面積（あるいは高さ）という１つの属性に中心化してしまうことから，底面積は大きいが高さは低くなった，さっきは同じだったから戻せば同じになる，などのように異なる見方を統合することができなくなってしまうものと考えられる。

4.3.2　心の理論の成立と実行機能

３つ山問題や保存課題に示された中心化および保存の不成立の特徴は，物の世界の認識として示されたものだが，自分や他者の心の状態についての認識にも同様の特徴がみられる。幼児期の後半では，他者の心的状態の推論をするようになり，これを「心の理論（theory of mind）」の成立と呼ぶ。自分が知っていることと他者が知っていること（知らないこと）を区別し，それに基づいて適切な推論をすることが，４～５歳頃に可能となる。この指標となるのが「誤信念課題（false belief task）」と呼ばれる課題である。いくつかのタイプがあるが，スマーティ課題（子供がよく知っているお菓子であるスマーティというチョコの箱に鉛筆を入れておき，中身を見せたあとで，ほかの子に箱を見せたらなかに何が入っていると答えるかを予測させる），マクシ課題（マクシという男の子がチョコを場所Ｘに置き，マクシが不在の間にほかの人が場所Ｙに移動させる。戻ってきたマクシはチョコがどこにあると思っているかを聞く），サリー・アン課題（サリーという女の子が自分のビー玉をカゴに入れて遊びに行ってしまう。その間にアンが自分の持っている箱のなかにビー玉を移す。戻ってきたサリーはビー玉がどこにあると思っているかを聞く）がある。スマーティ課題は中身の変化，マクシ課題とサリー・アン課題は予測しない移動に関する課題であり，中身か位置かのちがいがある。自分自身が知っている情報（箱のなかは鉛筆だ，チョコはＹにある，ビー玉は箱のなかにある）と，物語の主人公（あるいはその情報を共有しない他者）が知っている自らの情報に基づいてどのような推論をするのか，他者の立場に立った推論をどのようにできるかを問うものである。

これらの課題にパスすることが何を意味するのかは，いろいろ議論があるが，メタ表象（他者の頭のなかにあることをイメージすること，すなわち他者の表象を自分自身が表象する），ワーキングメモリー（多様な情報を同時に処理すること），抑制機能（問題解決に不適切な反応を抑制すること，すなわち自分が知っている場所を直接選ぶことをしないこと）などの発達が関与していると考えられる。

このような心の理論にかかわる認知機能は，５歳後半になるとメタ認知の発達として，認知発達が次の段階に移行したことを示すことになる。これを「第二次認知革命」と呼び，内田（1996, 2007）は物語行動の発達を支えるものとして整理している。メタ認知機能とは，自己の認知活動を対象化して認知するということであり，知的な問題解決への萌芽といえる。問題解決過程は，プランニング（問題解決の方法や取り組みの計画を立てる），モニタリング（問題解決の過程を自ら監視し確認する），自己評価（自己の遂行や答えの適切さを評価する），自己コントロール（プランニング，モニタリング，自己評価に基づき，問題解決行動を適切に維持する）によって制御される。

理由づけや根拠を示すこと（なぜなら…だから）が可能となるのは，可逆操作ができることと深くかかわっており，あとの出来事から，それ以前の出来事にさかのぼって処理する力が必要である（「夜泣いちゃったのは，起きたらお母さんがいなかったから」と言えるのは，［起きる→お母さんがいない→泣く］の出来事全体を，現在という時間から振り返ってとらえることができるからである）。ここには，記憶容量の拡大が関与している。すなわち，複数の事柄を心にとどめ，それらの関連づけを意識しながら語る力が必要となる。

この過程の制御にかかわるのが実行機能である。実行機能は幼児期（３～５歳）にその発達が著しくみられるものである（Zelazo & Carlson, 2012など）。実行機能をみる課題としては，昼／夜ストループ課題（day/night stroop task; Carlson & Moses, 2001）がある。太陽と月のカードをそれぞれ用意し，太陽のカードには「夜」，月のカードには「昼」と答えるように求められる。同様の課題として DCCS 課題（dimensional-change card sorting task; Frye et al., 1995）もある。色と形の組合せの異なるカードがあり，最初の５回について色を指標に分類したあと，次は形を指標に分類することを求められるのように，次元の切替えを自ら制御してできるかどうかをみるものである。

4.4　9歳の壁（第三次認知革命）

4.4.1　抽象的な認識の発達

児童期になると，より一層抽象度が増してくる。ピアジェは具体的操作から形式的操作への移行の時期としてとらえた。かつては，この移行が聴覚障害児にとって大きな壁となるとの指摘があり，これを「9歳の壁（9歳の峠）」と呼んでいた。しかし，この壁は聴覚に障害のない子供においても，小学校3～4年生頃に，学校での勉強についていけなくなる子供が増えることから，重要な質的転換点として認識されるようになった。

具体的操作段階に可能となることは，保存の獲得，可逆的思考（後のことから前のことを推論すること），系列化などである。系列化というのは，A＜B，B＜Cといった関係からA＜Cの関係を推論する（推移律）が可能となることであり，「背の順に並んで」と言われて相互に背の高さを比較しつつ最終的に背の低い子から高い子まで順番に並ぶなどである。こうしたことが，具体的事実と結びつけて理解し，推論できるのがこの時期の特徴である。

具体的な事物から離れての推論が可能となるのが，形式的操作の段階である。論理的推論，仮説演繹的思考などが可能となる。たとえば「振り子課題」と呼ばれるものでは，異なる長さの糸に異なる重りをつけ，それぞれ異なる位置から手を離す場合，振り子の振りの速さを規定する変数が何かをどのように調べたらよいかを尋ねる。具体的操作期の子供は，実際に振り子の重りをいろいろ変えてみたり手を離す位置を変えてみたりするが，試行錯誤的であり，明確なプランがみられにくい。形式的操作期の子供は，どの変数が関与しているのか，関わる変数を特定し，それらについて，仮に糸の長さがかかわっているとするならばと考え，他の変数を固定して長さだけを変更して実験を試みるといったことを行う。このようなシステマティックな思考が可能となるのは，ワーキングメモリー容量が増えて，長期記憶から知識を引き出し，今解決しなければならない問題にかかわる変数を整理し，さっきこれはチェックしたといった直前の事柄を保持し，まだチェックしていないのはどれかを考えるなど複数の処理を同時進行的に行うことが可能になってくるからである。児童期の後半には，記憶容量が7 ± 2とされる成人の容量に近づく。容量が増えることによって，より複雑な思考や推論を頭のなかで構成することができるようになっていく。仮に容量の増加がうまくみられない（ワーキングメモリーに困難がある）子供がいた場合は，課題を細分化し，下位のパーツを手続き的に習熟し，小さな容量でも処理しやすいようにする支援が必要と考える。

4.4.2　自己との対話と認知の発達

認知の発達において，言葉が重要な役割を果たしてくる。とくに児童期以降では，言葉を通して他者と対話するのみでなく，自分自身と対話することにより，自分の思考を振り返ったり，自分自身のありようを内省したり，自分の感情などを制御したりすることが大切といえる。

幼児期の子供の言語と思考の関係について，ヴィゴツキー（Vygotsky, L. S., 1896-1934）は，ピアジェによって示された幼児期の集団内独語が子供の自己中心性の現れとする見解に異を唱え，もともと他者とのコミュニケーションの道具として発達してきた「外言」が，音声を伴わない内面化された思考の道具としての「内言」への移行段階で現れるものであるとした。このようなピアジェとヴィゴツキー論争において，ヴィゴツキーは，課題の難度を増したときに独語が増えることから，幼児の独り言は思考のために言語が使われるようになる途上での「外言化された内言」であると考え，これにはピアジェも賛同した。このことは，言語の重要な機能として自分の思考を制御したり発展させたりする役割があることを指摘したものともいえるだろう。

思考のための言語は，自分自身とのコミュニケーションでもあり，自己内対話（内省的コミュニケーション）として発展していくものともいえる。このような自己内対話は，書く行為の習得によりさらに深化していくと考えることができる。もちろん，読み書き能力が即，抽象的思考や知的技能全般に影響するわけではないとの指摘もある（Scribner & Cole, 1981）。しかし，書く行為は，自分自身の考えを対象化し，文章を推敲することを通して思考を反芻することにつながる。書くということは単に文字を連ねることではなく，あらかじめ自分の考えを整理し，順序立て，事柄の因果関係を認識し，自分の頭のなかにあるものを外に出して自分で見える状態にすることに意味がある。自分自身の存在自体があやふやになってしまったり，自分の感情とどのように折り合いをつけてよいかわからなくなった場合に，書くことを通して自分と向き合う作業をすることが可能となる場合もあるだろう（茂呂，1988）。

自己内対話も他者との対話も，そうした行為を通して複数の視点を自分のなかにもつことである。このような他者の視点から発せられるものを，バフチン（Bakhtin, M. M., 1895–1975）は「声（voice）」と呼んだ。個々の声は，統合しまとめられて別の異なる次元のものとなることはなく，複数の認識は１つに還元できないものとして，人のなかにある。このような多層的な声を意識し，それらと向き合うこと，やがてそれはナラティブとして自己物語を紡いでいくことにつながるのであろう（Bruner, 1986など）。

課　題

1．ピアジェの発達段階について，脳機能の発達の最近の知見から裏づけられるものは何か，検討してみよう。
2．幼児期の子供にかかわる際に，認知発達のどのような側面を考慮してかかわるのがよいか，幼児期の認知の特徴をふまえて論じてみよう。
3．９歳の壁をうまく越えられない子供への支援的なかかわりとしてどのようなものが考えられるか。また，その根拠は何だろうか。

〈より深めるための参考文献〉

ゴスワミ，U. ／岩男卓実・上淵寿・古池若葉・富山尚子・中島伸子訳（2003）『子どもの認知発達』新曜社
乾敏郎（2013）『脳科学からみる子どもの心の育ち―認知発達のルーツをさぐる―』（叢書・知を究める１）ミネルヴァ書房
森口佑介（2014）『おさなごころを科学する―進化する幼児観』新曜社
荻野美佐子編著（2015）『発達心理学特論』放送大学出版会
内田伸子・氏家達夫編著（2007）『発達心理学特論』放送大学出版会

〈引用文献〉

Baillargeon, R., Spelke, E. S., & Wasserman, S.（1985）Object permanence in five-month-old infants. Cognition, 20, 191–208.

バフチン，M.M. ／新谷敬三郎・佐々木寛・伊藤一郎訳（1988）『ことば・対話テキスト』（バフチン著作集８）新時代社

Bluebond-Langner, M.（1989）*The private worlds of dying children*. University Press.（死と子供たち研究会訳（1994）『死にゆく子どもの世界』日本看護協会出版会）

Bruner, J. S.（1986）*Actual minds, possible worlds*. Harvard University Press.（田中一郎訳（1998）『可能世界の心理』みすず書房）

Carlson, S. M., & Moses, L. J.（2001）Individual differences in inhibitory control and children's theory of mind. *Child Development*, 72, 1032–1053.

Conel, J. L,（1939–1967）The postnatal development of the human cerebral cortex. Cambridge, MA: *Harvard University Press*.（1939 vol.1 the cortex of the newborn.; 1941 vol.2 one-month infant; 1947 vol.3 three-month infant; 1951 vol.4 six-month infant; 1955 vol.5 fifteen-month infant; 1959 vol.6 twenty-four-month infant; 1963 vol.7 four-year child; 1967 vol.8 six-year child）

DeCasper, A. J. & Fifer, W. P.（1980）Of human bonding: Newborns prefer their mothers' voices. *Science*, 208, 1174–1176.

Fantz, L.（1961）The origin of form perception. *Scientific American*, 204, 66–72.

Flavell, J. H., Everett, B. A., Croft, K., & Flavell, E. R.（1981）. Young children's knowledge about visual perception: Further evidence for the Level 1—Level 2 distinction. *Developmental Psychology*, 17, 99–103

Frye, D., Zelazo, P. D., & Palfai, T.（1995）. Theory of mind and rule-based reasoning. *Cognitive Development*, 10, 483–527.

小林勝年・石田航・松井恵美・渡辺瑞貴・徳田憲生（2006）「幼児のアニミズムについて」『鳥取大学生涯教育総合センター紀要』２号，11–23

Meltzoff, A. N. & Borton, R. W.（1979）Intermodal matching by human neonates, *Nature*, 282, 403–404.

茂呂雄二（1988）『なぜ人は書くのか』（認知科学選書16）東京大学出版会

Nagy, M. H.（1948）The child's theories concerning death. *Journal of Genetic Psychology*, 73, 3–27.

仲村照子（1994）「子どもの死の概念」『発達心理学研究』５, 61–71.

岡本夏木（1986）ピアジェ，J. ／村井潤一編『発達の理論をきずく』（別冊発達４）ミネルヴァ書房，pp.127–161.

Piaget, J., & Inhelder, B.（1956）*The child's conception of space*. London: Routledge & Kegan Paul.

ピアジェ，J. ／谷村覚・浜田寿美男訳（1978）『知能の誕生』ミネルヴァ書房

Portman, A.（1951）*Biologische Frangmete zu einer Lehre vom Menshen*. Basel: Schwabe.（高木正孝訳（1961）『人間はどこまで動物か』岩波書店）

Scribner, S., & Cole, M.（1981）*The psychology of literacy*. Cambridge, MA; Harvard University Press.

高橋道子（1973）「顔模型に対する乳児の微笑反応，注視反応，身体的接近反応，泣きについての横断的研究」『心理学研究』３，124–134.

内田伸子（1996）『子どものディスコースの発達―物語参集の基礎過程―』風間書房

内田伸子（2007）「想像する心―思考と談話の成立過程―」内田伸子・氏家達夫編著『発達心理学特論』放送大学出版会，pp.67–80.

ヴィゴツキー，L. S. ／柴田義松訳（2001）『新訳版・思考と言語』新読書社

Zelazo, P. D., & Carlson, S. M.（2012）Hot and cool executive function in childhood and adolescence: Developmental and plasticity. *Child Development Perspectives*, ６, 354–360

コラム　概念の発達―生と死の概念

人が生きていること，だが，やがては死んでしまうことについて，子供はいつ頃どのように理解するのだろうか。このような理解は生物概念の理解，死の概念の理解とかかわるものである。

ピアジェは幼児期の概念の特徴として，「実在論（精神活動の実在化：考えたこともすべて実在すると思う，現実と虚構を混在）」「アニミズム（外界への自己の過剰般化：自然世界に生命や魂を認める）」「人工論（人間行為の過剰般化，すべては全知全能の親＝人間がつくったもの）」をあげている。

「○○は生きてますか？（その理由）」などを幼児に聞いた研究（小林他，2006）では，3歳児は人，時計，木，雲などについて半数以上が生きていると答えるが，理由は答えられなかった。4歳児は，人，時計，雲を生きていると答え，その理由としては「動くから」としていた。このような認識は，就学前の6歳頃までは同様であった。

また，死の概念については，Nagy（1948）の研究が有名だが，日本の子供たちについて調べた研究もある（仲村，1994）。3～13歳の子供たちへのインタビューから，死の概念を構成する「死の普遍性（誰でも死ぬ）」「死の非可逆性（死んだ人は生き返らない）」「死の非機能性（死んだ人は飲んだり食べたりなどの生体の活動ができない）」の3徴候の認識について，4つの段階があることが示された。

Ⅰ（3～5歳）生と死が未分化（死の普遍性も非可逆性も不成立），Ⅱ（6～8歳）現実的意味の理解（死の3徴候を理解），Ⅲ（9～11歳）死の普遍性を理解する一方で精神的回答がみられる（霊が残る，生まれ変わって生き返る，など），Ⅳ（11歳～）さらに精神的回答が増すであった。

死の普遍性や非可逆性が未確立な幼児期の場合，テレビなどでさっき役のうえで死んだ俳優が次にコマーシャルなどに出ていることを，大人と同様には理解していない可能性がある。また，時間認識についても発達途上であるために，回想シーンなどがはさまれて，時間が錯綜し，過去に亡くなった人が生きていたときの状況が説明されたりするのも，十分理解されていないかもしれない。現実に生きている私たちの時間と，虚構のなかで進行する時間が異なるものであること，そこで人の死がどのように理解されていくのかは，むずかしい問題を含んでいよう。

これらは三人称の死（一般的な死の概念）だが，二人称の死（自分に直接かかわりのある人の死），一人称の死（自分自身の死）は，必ずしも同じではない。重篤な病気をかかえた子供が，自分の病状や死について，どのように理解しているのかをみた研究がある（Bluebond-Langner，1989）。これによると，子供は幼くても，周囲の人との相互作用のなかで情報を得，理解を深めていることが示されており，自分の病状が深刻になったときに，自分の傍らに居て，自分の辛さを共有してくれる人の存在を求めているといえる。身近な人ほど，近くにいることが辛くなり，距離をもとうとしがちだが，子供にとっては，死そのものよりも距離をおかれることのほうが辛いと感じるようである。

第5章 青年期の発達課題

思春期に入ると，青年は自分の身体が変化するのを感じ，その変化に他者が気づいていることも感じ取る。友人や家族との議論のなかで，自分の意見が批判されたり，自分の主張が真剣に受け止められたりする経験をする。児童期とは異なる他者との関係性を築くなかで，自分は何がしたいのか，他者からどのような評価を得たいのか，どのような信念が自分の行動を導くのかといった疑問が生じる。悩みや不安をかかえながら自分の役割を探求し，自分なりの確信を得たとき，青年期は終了する。

現代においては，自分とは何かという問いの答えを得るための心理的葛藤は青年期を特徴づけるものであり，アイデンティティの確立こそが青年期の課題であると考えられている。アイデンティティの確立は心理的にも社会的にもひとりの独立した人間として社会参加の準備が整った証である。

この章では，青年期の発達区分について説明したあとに，①思春期の身体的変化，②エリクソンやマーシャのアイデンティティの概念，③発達課題を提唱したハヴィガースト，エリクソンの理論のもととなったフロイトの理論，④ピアジェとコールバーグの道徳性についての理論を取り上げる。

5.1　青年期の発達区分

青年期とは，大人の保護や指導を受ける子供の立場から社会の一員としての責任を担い社会を支える大人への移行を経験する時期である。このとき，青年は子供集団に属することを欲さず，また成人集団には受け入れられていない存在である。このようにどちらの集団にも属していない，あるいは所属に確信をもてない状態を，レヴィン（Lewin, K., 1939）は境界人（marginal man）と呼んだ。

発達期の年齢区分としては，青年期はおよそ10歳頃～20代後半までをさす。加藤（1987）は，さらに青年期を3つに区分し，11～16歳頃を自己の変化と動揺の時期（青年前期），20，21歳頃までを自己の再構成の時期（青年中期），25，26歳頃までを自己と社会の統合の時期（青年後期）としている。青年期のなかで，生殖器の形態以外の身体部位に生物学的な特徴の発現（第二次性徴）から身長の伸びが止まるまでをとくに思春期と呼ぶ。

青年期の変化の特徴としては，身長や体重の著しい増加や性機能の成熟にみられる生物学的成長，仮説検証や可能性についての思考などの抽象的な思考の確立，独立した存在である自己の個別性への気づきや内的特徴に基づいた自己概念の形成，親との葛藤や仲間との信頼関係の形成にみられる社会的関係の変化などがあげられる。これらの変化を経験する青年期は不安定さや動揺に特徴づけられることから，ホール（Hall, G. S., 1904）は，青年期を疾風怒涛の時期とみなした。

社会的関係のなかでも，親との関係性の変化は青年の心理や行動に強い影響を与える。青年前期に，親からの自立の過程で子供が家族や権威者に対して反抗や否定，攻撃をすることを第二反抗期という。また，家族の監督下から離れ独立した存在になろうとすることをホリングワース（Hollingworth, L. S., 1928）は，乳児が生理的に離乳することになぞらえて心理的離乳と呼んだ。

青年期において，自己の能力を見極め，適性を判断し，社会的な義務や責任を果たすことができるようになったときに，青年は成人期に移行すると考えられる。

5.2　思春期における身体の発達と心理的変化

思春期には，身体の急激な発達と性的成熟により男女の生物学的な差異が明確になる。生物学的な性，性的欲求や性行動などの個人的な体験，所属する文化の性に対する規範などを統合して，青年は自分の性に対する確信をもつようになる。

思春期における身長や体重などの発育量の増加を思春期の発育スパートと呼ぶ。思春期の発育スパートは，女子のほうが男子よりも早く始まる（Coleman & Hendry 1999）。平均的な女子は10歳頃始まり，11歳頃ピークを迎える。早い場合は7，8歳，遅い場合は14歳である。いっぽう，男子では12歳頃始まり，13歳頃にピークを迎える。早い場合は9歳，遅い場合は15歳である。

第二次性徴としては，女子では初潮，皮下脂肪の増大，乳房の発育，体毛の発生，骨盤や臀部の発達，男子では精通，声変わり，体毛の発生，肩幅や筋肉の増大などが生じる。

身体的成長については，発達加速現象が知られている。これは，時代が下るにしたがって人間の発達の速度が促進される現象をさす。発達加速現象には，成長加速現象と成熟前傾現象がある。成長加速現象は，身体発育の成長量が増大することである。成熟前傾現象は，初潮や精通などの性的成熟が早期化することである。

発育スパートや第二次性徴の発生時期は個人差が大きい。小学校高学年で身体の変化を経験している子供がいる一方，中学校3年生まで身体の変化を経験していない子供もいることになる。早熟や晩熟が青年の心理に与える影響について，男子では早熟は仲間の人気や学業において有利であり，晩熟のほうが不利に働くが，女子では早熟には有利な面と不利な面があることが指摘されている（Coleman & Hendry 1999）。

5.3 アイデンティティの確立

抽象的な認知的能力をもつようになった青年は，自分の信念や価値観，社会的規範，文化的伝統を批判的に考えることができるようになる。青年はさまざまな行動や役割の試行錯誤によって統合的な信念体系を構築し，一貫した自己の感覚を得ようとする。同時に，民族アイデンティティやジェンダー・アイデンティティの探求もなされる。

5.3.1 エリクソンの発達理論

精神分析家であるエリクソン（Erikson, E. H., 1950, 1959）は，誕生から死に至る人間の生涯発達を8つの段階に分類し，それぞれの段階に特有の心理・社会的危機（psychosocial crisis）が存在するとした。図5.1はエリクソンが提唱した漸成（ぜんせい）図式（epigenetic chart）である。対角線上のセルに示された項目は，心

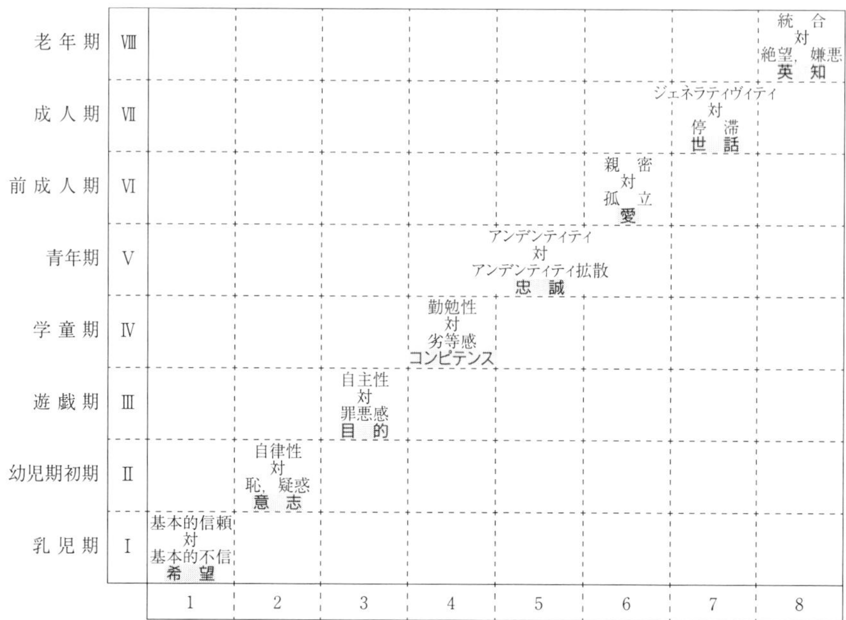

図5.1　エリクソンの発達図式
出所：Erikson, E. H. & Erikson, J. M., 1997.

理・社会的に健康な方向と心理・社会的に不健康な方向への分岐点を意味する。下段（太字）に示されているのは，危機を乗りこえたときに獲得される強さ（strength）である。たとえば，乳児期においては，基本的信頼が基本的不信を上回ったときに希望を獲得する。心理・社会的危機は，ある段階に特有のものとして現れる以前から何らかのかたちで存在している。そして，ある時期に優勢になり，その段階の終わりに解決を見いだす。アイデンティティは，青年期においてこの段階に特有のものとなる。

青年は，子供のころから習得した役割や技術を現在の職業的規範とどのように結びつけるか，他者の目に自分がどのように映っているのかということに関心を向ける。その結果，自分は他者とは異なる不変の存在であるという斉一性（sameness）と過去・現在・未来を通じて自分であり続けるという時間的な連続性（continuity）を備えた自己の感覚を得る。同時に，社会の自分に対する評価と自分自身のもつ統一された自己の感覚が合致するようになる。これがアイデンティティの確立である。アイデンティティの確立までの間に，社会への参加を一時的に猶予され，さまざまな役割の実験を行う期間（心理・社会的モラトリアム）が青年には与えられる。

アイデンティティの確立がなされなかった場合，自己の感覚に確信がもてないというアイデンティティの拡散の状態に陥る。アイデンティティの拡散の主な臨床像として，次の4つがあげられる。第一に親密さの欠如である。これは親密な仲間関係や性的な親密さのなかで緊張を経験し，形式的な人間関係しか形成できなかったり，親密になるのが困難な相手と親密になろうとすることをさす。第二に時間的展望の拡散である。これは時間によって変化が生じることへの不信や時間とともに変化することに対する恐怖から生じる。第三に勤勉さの欠如である。これは集中力の欠如や競争に対する過剰な意識により，仕事や課題，社交の能力を失うことである。第四に否定的なアイデンティティの選択がある。これは家族や共同体によって適切で望ましいとされている役割に敵意を抱き，社会的に望ましくなく危険を伴うこともある役割を選択することである。

5.3.2　マーシャのアイデンティティ・ステイタス

マーシャ（Marcia, J. E., 1966, 1976）はエリクソンの理論的な概念であるアイデンティティを実証研究の対象とするための方法論的な工夫として，アイデンティティ・ステイタスを考案した。アイデンティティ・ステイタスの分類により，エリクソンのアイデンティティ対アイデンティティ拡散という2分法よりも複雑なアイデンティティの状態を扱うことが可能となった。

アイデンティティ・ステイタスは，職業的選択，宗教，政治の3つの領域に関する危機（crisis）と傾倒（commitment）により分類される。危機とは，3領域について有意義な複数の選択肢を検討した期間があるかどうかであり，傾倒とは，3領域に対して時間や精力を注いだ程度である。この危機と傾倒の2次元の組み合わせにより，4つのアイデンティティ・ステイタスが提唱された（図5.2）。

アイデンティティ・ステイタス	危　機	傾　倒	概　　略
アイデンティティ達成 (Identity Achievement)	経験した	している	幼児期からの在り方について確信がなくなりいくつかの可能性について本気で考えた末，自分自身の解決に達して，それに基づいて行動している。
モラトリアム (Moratorium)	その最中	しようとしている	いくつかの選択肢について迷っているところで，その不確かさを克服しようと一生懸命努力している。
早期完了 (Foreclosure)	経験していない	している	自分の目標と親の目標の間に不協和がない。どんな体験も，幼児期以来の信念を補強するだけになっている。硬さ（融通のきかなさ）が特徴的。
アイデンティティ拡散 (Identity Diffusion)	経験していない	していない	危機前（pre-crisis）：今まで本当に何者かであった経験がないので，何者かである自分を想像することが不可能。
	経験した	していない	危機後（post-crisis）：全てのことが可能だし可能なままにしておかれなければならない。

図5.2　マーシャのアイデンティティ・ステイタス
出所：無藤，1979

アイデンティティ達成は，危機を経験し，自ら選択した職業や価値観に積極的に関与している状態である。モラトリアムは，積極的に関与する対象を模索しており，危機の最中にいる状態をさす。早期完了は，危機は経験していないにもかかわらず，職業や価値観に積極的に関与している状態である。多くの場合，積極的に関与する対象は自分ではなく他者が選択している。アイデンティティ拡散は，危機を経験しているいないにかかわらず，積極的に関与する対象を決定していない状態である。

5.4　発達課題と精神性的発達

この節では，ハヴィガーストの発達課題とフロイトの精神性的発達理論を紹介する。ハヴィガーストは，発達課題の観点から青年期をとらえようとした。いっぽう，フロイトは性衝動の発達と性格形成に関係があると考えた。のちに，エリクソンはフロイトの理論を土台として，性的側面ではなく心理・社会的なかかわりを重視した生涯発達理論を提唱した。

5.4.1 ハヴィガーストの発達課題

ハヴィガースト（Havighurst, R. J., 1953）は，幼児期から老年期までの6つの時期における発達課題を提唱した。発達課題とは，個人の生涯のそれぞれの時期において，その課題を達成すれば個人は幸福になりその後の課題も成功するが，失敗すれば社会で認められずその後の課題の達成も困難になるというものである。発達課題の概念は，学校における教育目標を発見し設定する助けになり，教育的努力を払うべき時期を示すという理由から教育者にとって重要であるとされた。

発達課題は，身体的成熟や文化的圧力，個人的な価値・抱負から生じる。つまり，幼児の歩行の練習のような生物的な成熟に基づく課題を除くと，発達課題の配列や内容は文化や個人の価値観によって影響を受ける。ハヴィガーストの発達課題は，主に1930～1950年代のアメリカの中流階級の立場とアメリカの民主主義の価値観に基づいたものである。

ハヴィガーストは，青年期には仲間関係に関する2つの課題，独立性の発達に関する6つの発達課題，人生観の発達に関する2つの発達課題があると指摘した。仲間関係に関する課題とは，①同年齢の男女との洗練された新しい交際を学ぶこと，②男性として，また女性としての社会的役割を学ぶことである。独立性の発達に関する課題とは，③自分の身体の構造を理解し，身体を有効に使うこと，④両親やほかの大人から情緒的に独立すること，⑤経済的な独立について自信をもつこと，⑥職業を選択し準備すること，⑦結婚と家庭生活の準備をすること，⑧市民として必要な知識と態度を発達させることである。人生観の発達に関する課題とは，⑨社会的に責任のある行動を求め，それをなしとげること，⑩行動の指針としての価値や倫理の体系を学ぶことである。

5.4.2 フロイトの精神性的発達論

フロイト（Freud, S., 1905, 1908, 1916–17）は，性の欲動を発現させる力であるリビドーが満たされる部位は発達に伴い変化するとの考え方に基づく理論を提唱した。フロイトは，ある発達段階でリビドーが適切に満たされなかった場合にその段階への固着が生じ，成長後であっても心理的葛藤が生じると通り過ぎた発達段階に退行することがあるとしている。たとえば，肛門期への固着は統制へのこだわりを生み，几帳面，倹約，わがままといった特徴と関連をもつ。

口唇期（誕生～）は，口唇による体験が快感をもたらす時期である。乳児は母親の乳房を吸うことによって生理的な欲求を満たすとともに，口や唇の部位の興奮に関連する性的な快感を獲得する。次の肛門期（1歳半頃～）は，肛門の活動が快感をもたらす時期である。肛門括約筋の機能を用いて排便をコントロールすることに苦痛と愉悦を感じる。

男根期（3歳頃～）は，性器による快感に関心が高まる時期である。男児は母親に愛情を感じ，父親に競争心や敵対心をもち，父親を排除したいという願望をもつ。しかし，母親への愛情の報復として父親によって去勢されるという不安から逃れるため，男児は母親への愛情を諦め，父親のような男性になろうとする。このような異性の親への愛情や同性の親への敵意，同性の親からの罰への不安などの感情は，エディプス・コンプレックスと呼ばれる。

潜伏期（5歳頃～）において性愛の発達はしばらく休止したあとに，性器期（11歳～）を迎え，無関係に快感を追求していた個々の性欲動は性器の領域に統合される。

5.5　道徳性の発達

青年は社会との接点を通して社会制度やそれを支える政治的・法律的・経済的規則に関心をもち，自分なりの価値観を形成する。この節では，認知的観点から道徳性の発達を論じたピアジェとコールバーグの理論を紹介する。

5.5.1　ピアジェの道徳性の理論

ピアジェ（Piaget, J., 1932）は，過失や盗みを扱ったストーリーを用いて子供たちの道徳的判断を分析した。ある過失のストーリーでは，2種類の過失を子供に比較させる。1つのストーリーでは，登場する子供の行為は偶然であり善意の結果であるが，相当の物質的損害を引き起こす。もう1つのストーリーでは，子供の行為による物質的な損害は大きくないが，悪意による行動の結果である（表5.1）。

表5.1　ピアジェの用いたストーリー

A	ジャンという小さい男の子がお部屋の中にいました。食事によばれたので，食堂へはいってゆきます。ところが扉の後に椅子がありまして，その椅子の上に盆があって，盆にはコップが15個のせてありました。ジャンはその扉の後にそんなものがあったとは知らないで，扉をあけましたので，コップは15個ともみんなこわれてしまいました。
B	アンリという小さな男の子がいました。ある日，お母さんの留守に戸棚の中のジャムを食べようとしました。そこで椅子の上に上って腕をのばしましたが，ジャムは高すぎて手が届きません。無理に取ろうとした時，傍の一つのコップにさわったので，そのコップは落ちて割れました。

出所：Piajet, J., 1932

子供の回答は，年齢とともに物質的結果を重んじる客観的責任（結果論）による判断から動機を重んじる主観的責任（動機論）による判断へと移行していった。客観的責任の回答の平均は７歳，主観的責任の回答の平均は９歳であった。これらの研究により，ピアジェは子供の道徳的判断は他律的な道徳から自律的な道徳へ移行することを示した。

客観的責任は大人への一方的な尊敬によるものであり，他律的なものである。これに対して，主観的責任は規則や命令が内面化された結果として生じるものであり，自らがしてもらいたいことを他者にしたいという願望に基づく相互性・協同性の上に成り立つ自律的なものである。

5.5.2　コールバーグの道徳性の理論

ピアジェの研究は児童期までの子供を対象としたものであった。これに対して，コールバーグ（Kohlberg, L., 1971）は，架空の道徳的ジレンマ（表5.2）に対する道徳的判断をもとにして青年期以降も含む道徳性の発達段階を提唱した。

表5.2　ハインツのジレンマ

ヨーロッパのある国で，女の人が特殊な癌にかかって死にそうになっていました。医者によれば，この人を救うことができる薬が１つあります。その薬は同じ町に住んでいる薬屋が最近，開発したラジウムの一種です。この薬を作るのにはお金がかかりますが，薬屋はその費用の10倍の値段をつけています。つまり，彼はラジウムに400ドルのお金をかけて薬を作り，それを4000ドルで売っているのです。この女性の夫であるハインツは，知合い全員にお金を借りに行ったり，あらゆる合法

的手段を尽くしました。けれども，薬の値段の半分にあたる2000ドルしか用意できませんでした。そこでハインツは，妻が死にそうだからもっと安く薬を売るか，支払いを後回しにしてくれないかと薬屋に頼みました。しかし，薬屋は「だめです。私はこの薬を開発し，この薬で金儲けをしようとしているのです」と言って断りました。ハインツは合法的手段を尽くしてしまったので，とても困って薬屋の店に忍び込んで薬を盗み出そうと考えました。
ハインツは薬を盗むべきですか。また，それはなぜですか。

出所：コールバーグ，L.，レバイン，C.，&ヒューアー，A.（1992）

コールバーグは，発達段階は普遍的な順序をもつ系列であり，子供の属する文化の価値や規則に影響を受けないと考えた。発達段階は３水準６段階（それぞれの水準に２段階）に分類される（表5.3）。

前慣習的水準に属する第一段階には，罪と服従への志向がみられる。物理的な結果により行為の善悪を判断し，地位や権力のあるものに対して服従することが判断の原理となっている。第二段階には，道具主義的な相対主義志向がみられる。正しい行為とは，自分の欲求や他者の欲求を満たすための手段であり，人間関係は取引のようにみなされている。

慣習的水準に属する第三段階には，対人的同調の志向がみられる。よい行為とは他者の立場に立ち，他者を助け喜ばせることである。第四段階には，法と秩序志向がみられる。正しい行為とは，義務の遂行や権威への尊敬，社会的秩序の維持である。

脱慣習的水準に属する第五段階には，社会契約的な法律志向がみられる。正しい行為とは，一般的な個人の権利や社会全体によって吟味され一致した規準によって決定される。第六段階には，普遍的な倫理的原理の志向がみられる。正しさは，自分が選択した倫理的原理にによって定められる。倫理的原理とは，公正さ，人間の権利の相互性と平等性，個々の人格としての人間の尊重である。

主にアメリカ人男性を対象に構築されたコールバーグの道徳性の発達段階の普遍性については文化やジェンダーの観点から議論がある。文化の観点からは，西欧社会の価値観を反映しており，非西欧社会では不適切であるという批

表5.3　コールバーグによる道徳性の発達段階

レベル	段　階	正しいこと
Ⅰ　前慣習的レベル	第一段階 他律的道徳	罰によって裏づけられた規則を破らないようにすること，服従のための服従，人間や財産に対して物理的な損害を加えないことが正しい。
	第二段階 個人的主義，道具的な意図と交換	規則が各人の直接的な利害関心にかなう場合にのみ，その規則に従うことが正しい。つまり，自分自身の利害関心や欲求と一致するように行為すること，また他者にも同様にさせることが正しい。公平なこと，平等な交換・取り引き・合意も正しいこととされる。
Ⅱ　慣習的レベル	第三段階 対人的な相互期待・相互関係，対人関係における同調	各人がそれぞれの身近な人々から期待されていること，または息子・兄弟・友人といった役割にある人が一般的に期待されていることに従って行動することが正しい。「善良であること」が重要なことである。それは善い動機にもとづいて行動すること，他者に対する関心を示すことを意味する。それはまた，信頼や忠誠，尊敬，感謝といった相互的な関係を維持することも意味する。
	第四段階 社会システムと良心	合意されてきた現実の義務を遂行することが正しい。法律は，他の既存の社会的義務と相容れないという極端な場合を除けば，支持されるべきものである。また，社会や集団，制度に貢献することが正しいとされる。
Ⅲ　脱慣習的・原理的レベル	第五段階 社会契約，または効用と個人の権利	人々がさまざまな価値観や意見をもっており，ほとんどの価値や規則が，自分の集団に相対的なものであることを認識している。けれども，これらの相対的な規則は，不偏性を保つために，またそれらが社会契約であるために，守られるべきであるとされる。ただし，生命や自由といった何らかの非相対的な価値や権利は，いかなる社会においてであれ，また多数者の意見にかかわりなく，守られなければならないとされる。
	第六段階 普遍的な倫理的原理	自らが選択した倫理的原理に従うことが正しい。特定の法や社会的合意は，この原理にもとづくものであるかぎり，妥当なものである。法がこれらの原理を犯した場合には，原理に従って行為するのが正しい。この原理とは，公正という普遍的な原理である。すなわち，人間の権利の平等，および人格としての人間がもつ尊厳の尊重という原理である。

出所：コールバーグ，L.，レバイン，C.，&ヒューアー，A.（1992）をもとに筆者が一部改変

判がある。ジェンダーの観点からは，女性は対人的な配慮に基づく道徳判断を行うことから，コールバーグの発達段階を用いることは適切ではないという批判（Gilligan, 1982）がある。

課 題

1．アイデンティティ拡散の状態の青年は，どのようなプロセスを経てアイデンティティを確立するのだろうか。
2．思春期の身体的変化は，なぜ青年に強い心理的影響を与えるのだろうか。
3．コールバーグの理論を道徳教育に適用できるだろうか。

〈より深めるための参考図書〉

井上健治・久保ゆかり編（1997）『子どもの社会的発達』東京大学出版会

Kroger, J.（2000）*Identity development: Adolescence through adulthood.* Newbury Park, CA: Sage.（クロガー，J. ／榎本博編訳（2005）『アイデンティティの発達―青年期から成人期―』北大路書房）

鑪幹八郎監／宮下一博・谷冬彦・大倉得史編（2014）『アイデンティティ研究ハンドブック』ナカニシヤ出版

〈引用文献〉

Coleman, J., & Hendry, L.（1999）*The nature of adolescence.* 3rd ed., London: Routledge.（コールマン，J.，ヘンドリー，L. ／白井利明・若松養亮・杉村和美・小林亮・柏尾眞津子訳（2003）『青年期の本質』ミネルヴァ書房）

Erikson, E. H.（1950）*Childhood and society.* New York: Norton. Revised, 1963.（エリクソン，E. H. ／仁科弥生訳（1977，1980）『幼児期と社会』1・2巻，みすず書房）

Erikson, E. H.（1959）*Identity and the life cycle.* New York: International Universities Press.（エリクソン，E. H. ／西平直・中島由恵訳（2011）『アイデンティティとライフサイクル』誠信書房）

Erikson, E. H., & Erikson, J. M.,（1997）*The life cycle completed.* Extended version, New York: Norton.（エリクソン，E. H.，エリクソン，J. M. ／村瀬孝雄・近藤邦夫訳（2001）『ライフサイクル，その完結』〈増補版〉，みすず書房）

Freud, S.（1905）*Three essays on the theory of Sexuality.*（フロイト，S. ／懸田克躬・高橋義孝他訳（1969）「性欲論三篇」『フロイト著作集5 性欲論・症例研究』人文書院）

Freud, S.（1908）*Character and anal erotism.*（フロイト，S. ／懸田克躬・高橋義孝他訳（1969）「性格と肛門愛」『フロイト著作集5 性欲論・症例研究』人文書院）

Freud, S.,（1916-1917）*Introductory lectures on psychoanalysis.*（フロイト，S. ／懸田克躬・高橋義孝訳（1971）「精神分析入門」『フロイト著作集1 精神分析入門（正・続）』人文書院）

Gilligan, C.（1982）*In a different voice: Psychological theory and women's development.* Cambridge, MA: Harvard University Press.（ギリガン，C. ／岩男寿美子監訳，生田久美子・並木美智子訳（1986）『もうひとつの声―男女の道徳観のちがいと女性のアイデンティティ―』川島書店）

Hall, G. S.（1904）*Adolescence: Its psychology and its relations to physiology, anthropology, sociology, sex, crime, religion and education,* Vol. I, II. New York: D. Appleton and Company.

Havighurst, R. J.（1953）*Human development and education.* New York: Longmans, Green（ハヴィガースト，R. J. ／荘司雅子・沖原豊・岸本幸次郎・清水慶秀・田代高英訳（1958）『人間の発達課題と教育―幼年期より老年期まで―』牧書店）

Hollingworth, L. S.（1928）*The psychology of the adolescent.* New York: D. Appleton and Company.

加藤隆勝（1987）『青年期の意識構造―その変容と多様化―』誠信書房

Kohlberg, L.（1971）From is to ought: How to commit the naturalistic fallacy and get away with it in the study of moral development. In T. Mischel（Ed.）*Cognitive development and epistemology,* pp.151-235. New York: Academic Press.（コールバーグ，L. ／永野重史編（1985）『道徳性の発達と教育—コールバーグ理論の展開—』新曜社）

Kohlberg, L., Levine, C., & Hewer, A. (1983) *Moral stages: A current formulation and a response to critics.* Basel: Karger.（コールバーグ，L.，レバイン，C.，ヒューアー，A. ／片瀬一男・高橋征仁訳（1992）『道徳性の発達段階—コールバーグ理論をめぐる論争への回答—』新曜社）

Lewin, K. (1939) Field theory and experiment in social psychology: Concepts and methods. *American Journal of Sociology*, 44, 868-896.

Marcia, J. E. (1966) Development and validation of ego-identity status. *Journal of Personality and Social Psychology*, 3, 551-558.

Marcia, J. E. (1976) Identity six years after: A follow-up study. *Journal of Youth and Adolescence*, 5, 145-160.

無藤清子（1979）「『自我同一性地位面接』の検討と大学生の自我同一性」『教育心理学研究』27, 178-187.

Piaget, J. (1932) *The moral judgement of the child.* London; Routledge. & Kegan Paul.（ピアジェ，J. ／大伴茂訳（1954）『臨床児童心理学Ⅲ 児童の道徳判断の発達』同文書院）

Phinney, J. S., & Devitch-Navarro, M. (1997) Variations in bicultural identification among African American and Mexican American adolescents. *Journal of Research on Adolescence*, 7, 3-32.

コラム　民族アイデンティティ

民族アイデンティティに関する研究のなかには，マイノリティと主流文化との関係性を論じたものがある。青年にとって，２つの文化に属することは複雑で多面的な経験である。フィニーとデヴィッチ・ナヴァロ（Phinney & Devich-Navarro, 1997）は，アメリカに居住するアフリカ系アメリカ人とメキシコ系アメリカ人の青年が２つの文化をどのようにとらえているのかについて調査を行った。その結果，２つのバイカルチュラル・パターンと非バイカルチュラル・パターンである「分離（separated）」を見いだした。２つのバイカルチュラル・パターンとは，「混合」（blended bicultural）と「移行」（alternating bicultural）である。

約90%の青年が自分たちを自民族とアメリカのバイカルチュラルとみなしていた。しかし，バイカルチュラルの意味が民族グループにより異なっていた。アフリカ系アメリカ人の青年は，「混合」に分類されることが多かった。これに対して，メキシコ系アメリカ人は「移行」に分類されることが多かった。

「混合」に分類された青年は，自分の民族性を肯定するとともにアメリカ人であるという強い感覚をもつ。しかし，アメリカに同化はしておらず，民族性を保っている。「移行」に分類された青年は，アメリカに属することを認めながらも，自身をアメリカよりも自民族に属しているとみなしている。ただし，状況によってどちらの文化に属するのかという認識が変化することが特徴である。いっぽう，「分離」に分類された青年は自民族を強く肯定すると同時に，アメリカに属するとは感じておらず，ときにはアメリカ人であることを拒否さえしており，２つの文化に属するとは考えていなかった。

第6章 学級集団の理解と活用

人は生きていくなかでさまざまな集団に属し，そこでの関係に助けられたり悩んだりしながら過ごしていく。集団のなかでも，人生の最も早い段階に濃密にかかわるものの１つが学級集団である。個人で課題に取り組む場合とは別に，集団でやれば達成できること・学びが深まることもあるという点で，学級という単位で活動することにはさまざまな可能性があると思われる。それはあたかも，教師という指揮者に率いられ１つのハーモニーを奏でるオーケストラのようになれるかもしれない。しかし一方で，他人どうしで集団をつくる以上，不和が生まれ不協和音を響かせて暴走する集団や，仲間はずれになる人が出てくる場合があるのも事実である。教育現場において学級崩壊やいじめの問題が叫ばれて久しいが，一人ひとりの性格や行動のみならず，学級という単位で活動する特殊性もこれらの問題にかかわっていることは疑う余地はないだろう。本章では，集団に関する社会心理学の知見も取り入れながら学級集団の特性について述べ，集団で学ぶことを活かした教授法・学習法についても紹介する。

6.1　集団の形成と機能

心理学において「集団」の定義はさまざまになされてきたが，共通しているのは“集団を構成するメンバーが，二人あるいはそれ以上の複数人いて，その間に何らかの社会的相互作用による関係がある”点とされる（本間，2011）。ここでは集団の種類や，人が集団にどのように属すのか・集団のなかでどのように過ごすのかをみていく。

6.1.1　集団の種類

私たちは，以下のようなさまざまな種類の集団に属して生活している。

①所属集団と準拠集団：その人が実際に属している集団を所属集団，行動や考え方の拠り所となる集団を準拠集団という。所属集団と準拠集団は同じこと

も異なることもあるが，異なる場合は不適応に結びつくことが多い。

②公式集団と非公式集団：公式集団（フォーマル集団）は，組織体系やメンバーとそうでない者の区別が明確な集団のことをさす。非公式集団（インフォーマル集団）はメンバーどうしの自発的な心理的結びつきで形成され，メンバーとそれ以外の境界は比較的あいまいで，メンバーの入れ替わりが起こりやすい。

③同年齢集団と異年齢集団：メンバーの年齢が同じ集団を同年齢集団，異なる・多様である場合は異年齢集団と呼ぶ。学校では異年齢の子供の交流の機会は少ないが，近年ではこれを補うために異年齢教育の取り組みが行われている。

④ギャング集団：児童期中期になると，同性・同年齢の子供どうしの強い親密性をもつ集団（ギャング集団）ができることがある。9歳前後の子供たちが集団で悪さをしたり，集団内の役割やルールを固く守る，という具合である。ルール違反への制裁がいじめとなる危険性はあるが，集団内のやりとりで社会性が発達するという意義もある。少子化や，習い事などでの子供の忙しさから，現代ではギャング集団が形成されることが減り，つながりも希薄になっている。

6.1.2　集団の形成

人と人は出会うとなんとなく集団になっていくようにみえるが，じつはどのメンバーと集団をつくるか選んでいる。集団の形成にかかわる主な要因は，①近接性，②対人魅力，③類似性である。同じ登校班や隣の席など接触の機会が多い場合（近接性）や，相手に魅力を感じ，接することで自分にメリットがあると思う場合（対人魅力）は集団を形成しやすい。また「類は友を呼ぶ」というように，似た行動や考え方の人も集団をつくりやすい（類似性）。これらの要因でできた集団はメンバー間のやりとりもスムーズで，関係が円滑に保たれやすい。

自然にできた集団のなかで過ごすことは関係の深まりや安心感につながるが，メンバーが固定化して排他的になる可能性もある。また，人を内面的な要素で判断するようになる前の子供では，魅力や自分にとって有利かどうかで偏った班分けやチームづくりをしたがる場合もあるため，留意したい。

学校でどの部活に入るのか選ぶときや，塾や受験校・就職先選びなど，既存の集団に入る場合は，主に①集団の活動内容，②集団の活動目標，③その集団に属していること自体の価値の3つがかかわる。たとえば，歌うのが好きな子は美術部ではなく合唱部に入るように，何をする集団なのか（活動内容）はそこに属するかどうかを大きく左右する。また，趣味の範囲なのかコンクールに出場し入賞したいのかという活動目標も，集団への参加の要因となる。加えて，その学校の合唱部だといえば一目おかれ，相当な歌唱力があると思われる場合，それが入部の動機を高める。このように，メンバーであること自体に何らかの価値があると思われるとき，それが集団への参加を規定する場合がある。

6.1.3　集団の機能

集団ができると，次第にメンバー間での決まりごとや判断・行動の際の価値基準ができてくる。これを集団規範という。集団規範は，目標達成を容易にし，その集団らしさを内外に自覚させる。集団規範は校則のように明文化されたものも，互いに明確に取り決めをしないが強制力をもつものもある。集団規範を守るためにメンバーに加わる圧力を集団圧力といい，規範を守らなかった（逸脱した）者が排除されることなどで自覚される。

また，集団に属することで，人の行動は一人のときと変わってくる。単独で行うときより集団で行うほうが課題遂行が促進される現象を社会的促進という。単純作業や慣れている作業のとき，メンバーの心理的な結びつきが強い（凝集性が高い）ときは社会的促進が起こりやすい。

反対に，集団で行うことで学習や仕事の効率が下がることを社会的抑制という。集団のなかでは，たとえ明らかにまちがっていても，自分以外のメンバーの意見に個人が同調する（Asch, 1951）ことが多く，集団内で非合理的な規範や方法が広まっても個々のメンバーは指摘しづらい。加えて，集団での作業では個々人の作業量が特定しにくく，単独時より個人の作業量が減少する社会的手抜きがなされたりするため，社会的抑制が起こると考えられる。

集団規範や集団圧力，同調といった概念は，いじめのメカニズムを考えるうえでも重要である。集団規範を逸脱した者への制裁からいじめが始まったり，いじめの傍観者は他の傍観者の動きをみてからどのように行動するかを決めていたりする（Gini *et al.*, 2008）からである。しかし，規範を逸脱することが集団の利益になる場合は個人が同調性を示さない場合もあり（甲原，1990），逸脱するかどうかは集団への好感度や利益の程度によっても異なるといわれる。

6.2　学級集団の理解と教師の影響

6.2.1　学級集団の特徴とその発達

① 学級集団の特徴

学級集団は学校での活動における基本的な単位である。市町村教育委員会が人数を定め，児童・生徒の認知的・人格的な発達を目標とする公式集団であり，活動内容も学習指導要領などで定められたものが多い。原則，子供は自分が入る学級や学級の公的なリーダーである教師の選択・変更はできず，強制的につくられた集団といえる。メンバーはほぼ同年齢で，横の人間関係によって知識や社会性を習得し，一人の人間として発達していく。そして学級集団は公式集団でありながら，メンバー間の関係性や心理的な交流が生まれ，それが集団の活動を支えている点ではインフォーマルな要素を備えている。

② 学級集団の発達

学級集団は時間の経過や子供の発達が進むとともにバラバラな状態からまとまりや機能をもった状態へと変化・発達していく。岡部ら（1965）によると，学級集団の発達過程は表6.1の7段階となる。

集団としての方向性やメンバーの役割の固定化が進むと，子供一人ひとりにとって過ごしやすい学級の雰囲気となる場合が多いが，集団内の価値基準をもとに優劣や上下の序列が出てくると教室内カースト（鈴木，2012）という階層が生まれ，教師もカーストの固定化に加担するという例もみられる。教師として必要な対応はカースト上位者にくみすることではなく，学級集団全体とその

表6.1　学級集団の発達過程

①さぐり	新しい学級が編成されたばかりで，子供たちは期待と緊張をかかえる。ほかの子を観察して自分に対する周囲の評価を推しはかったり自分との共通性を探したりするなど，子供たちが互いに探り合っているため，教師は競争など優劣のつく活動を避ける配慮をする。
②同一化	学級内でそれぞれが自分の位置をみつけ，打ち解けた雰囲気が生まれる。仲間関係が拡大し学級集団が落ち着くと，子供たちの安定感も増す。
③集団目標の出現	遊びや作業のなかで学級全体として目標が生まれると，結びつきがさらに明確に意識されてくる。学級への所属感がより意識される。
④集団基準の出現	各々の子供の行動を規制するような規範が形成されることで，子供たちの行動が枠づけされるとともに「われわれ意識」が育ってくる。この際，教師は望ましい規範意識が芽生えるよう留意して指導にあたる。
⑤内集団－外集団的態度の形成	集団基準が所属感を強め，集団のまとまりが強くなる（凝集性が高まる）。この際，自分の仲間とそれ以外の人とを区別する態度がみられるようになる。違うクラスの子に排他的になるというように，集団の閉鎖性が増すことがある点は注意を要する。
⑥集団雰囲気の発生	学級独特の雰囲気，気風ができ，その学級の子に共通の感情表現や反応傾向がみられるようになる。
⑦地位や役割の分化	①～⑥までの過程を通じて，集団内での地位が確定し，役割の分化が進む。集団が組織的になり，人間関係の構造化が進むといわれる。

出所：岡部ら，1965

なかの個々人を正確に把握し尊重することであろう。

6.2.2　学級集団・学級雰囲気の理解

日本では，学級集団に属する児童・生徒の学級生活の満足度は，児童・生徒どうしの人間関係や学級集団の雰囲気や状態，教師の指導のあり方に左右される（河村，2010）。適切な学級運営には，学級内の人間関係や雰囲気，教師自身の指導の傾向の把握が求められる。

①　学級集団構造の把握

ソシオメトリック・テストはモレノ（Moreno, J. L.）が開発した，集団メンバー間の心理学的関係の分析の方法である。一緒に遊びたい・席が近くになりたい子といった「選択（親和）」と，一緒に遊んだり勉強したりしたくないと思う子という「排斥（反感）」の傾向を軸に集団内の人間関係を把握する。結果はソシオマトリックスやソシオグラム（図6.1）にまとめられ，学級内の非

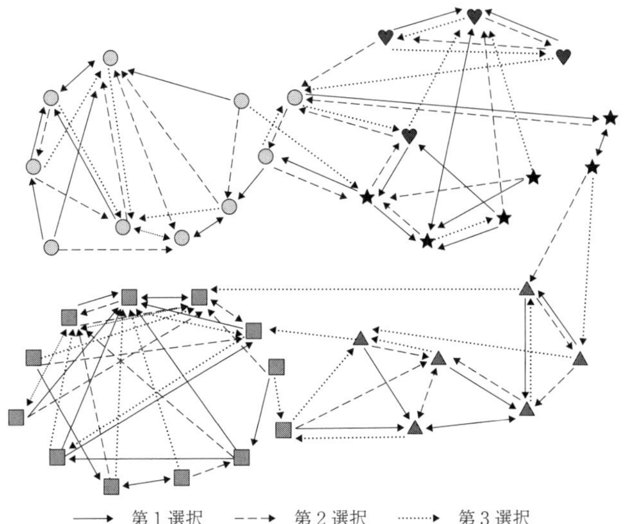

図6.1　ソシオグラムの例

注：ここでは小学校５年生38名に対して，「選択」したい人を最大３名まであげてよいという条件でソシオメトリック・テストを実施。

出所：黒川ら，2006

公式集団の存在やその構造，人気児（多くの子から選択される子）・排斥児（多くの子から排斥される子）・孤立児（誰のことも選択しない子）・周辺児（相互選択がない子）がわかる。ソシオメトリック・テストは集団構造の変遷を把握するために学期ごとに実施するという利用の仕方などがある。小学校低学年では一部の人気児に選択が集中しやすいが，高学年になってくると人気が分散してくるという変化もある。

ソシオメトリック・テストは，一緒になりたくない子の存在を子供に意識化させる懸念もあり，倫理的な配慮が求められる。しかし学級集団構造の把握のためには実名の記入に意味があるともいえるため，一緒になりたい子のみ（選択）を記入する条件で実施される場合もある。

学級集団について把握するそのほかの方法には「クラスの中で，親切な人は誰ですか」など性格や行動の特徴について質問し，当てはまる子を答えさせるゲス・フー・テストがある。これにより子供のクラス内での評価を理解できる。

② 学級雰囲気の理解

学級集団がある程度発達してくると，その学級の“性格”のようなものができてくる。これを学級雰囲気や学級風土と呼ぶ。伊藤ら（2001）は学級風土質問紙を開発し，生徒の回答をもとに「学級活動への関与」「生徒間の親しさ」「学級への満足感」など8つの尺度で学級の性質を理解できるようにした。また，根本（1989）は“たのしい—つまらない”などの17の形容詞対を用いてSD法（semantic differential method：対になる形容詞を提示し，対象がどちらにあてはまるか5段階や7段階で評定させる方法）で学級の雰囲気を評定する方法を開発し，「安心」「沈静」「凝集」「切迫」の4因子を報告している。以上2つの方法ではいずれも数値で結果が示されるが，合計点や平均値といった学級全体の結果とともに，子供ごとの回答のばらつきによっても学級雰囲気のとらえられ方が理解できる。

6.2.3 学級集団，児童・生徒に対する教師の影響

前項6.2.2にも述べたように，教師の性格やリーダーシップのとり方は学級集団全体の雰囲気や気風に影響する。レヴィンらは，専制型・民主型・放任型のリーダーのもとで10歳の男子5人に作業を行わせ（Lewin *et al.*, 1939），民主型リーダーの集団は動機づけなどの集団の雰囲気がよく，作業効率も高かったと報告した。専制的リーダーの場合はリーダーがいるときのみ作業効率が上がり，放任型では作業の質・量ともによくなかった。日本では三隅ら（1989）が教師のリーダーシップを目標達成機能（performance function：P機能，規律を守ったり活動を促進したりする）と集団維持機能（maintenance function：M機能，気持ちをくみ，緊張を和らげる）の二次元でとらえた。双方が強いPM型の教師のもとでは学級集団の士気・生産性などの指標のすべてが高く，P機能が強くM機能が弱いPm型では「学級への帰属度」「生活・授業態度」，P機能が弱くM機能が強いpM型では「学級連帯性」「授業満足度・学習意欲」が高く，P機能もM機能も弱いpm型はすべての指標で最低得点であった。課題や高めたい能力にもよるが，教師には自身がどのような機能を果たすべきか考

えたうえでの行動が求められる。

そして，よりよい学級経営には教師が個々の児童・生徒に与える影響の理解も重要である。児童・生徒の学業面への影響については，実際の能力と関係なく教師に「この子は将来知能が伸びるだろう」と伝えられた児童たち（期待群）は，８カ月後の知能テストで実際にほかの児童より知能指数の伸びが大きかったという実験がある（Rosenthal *et al.*, 1968）。これは教師期待効果（ピグマリオン効果）といわれ，教師が無意識に自身の期待を児童に伝えるためと考えられる。教師期待効果は低学年ほど顕著で，児童の学習に教師との関係性が大きく影響することがうかがえる。また，児童・生徒の特徴は容姿や成績，授業態度など多岐にわたるが，教師にとって好ましい（または好ましくない）１，２の特徴によってそれと直接関係のない部分まで児童・生徒への評価が高く（あるいは低く）なることをハロー効果（光背効果）という。

学級という絶えず変化・発展し影響しあう集団のなかで，教師はそのメンバーの一人でありながら，子供一人ひとりに公平性をもって対応するという複雑な責務を果たす必要がある。

6.3　集団を活かした学習法

学校生活の大半の時間は，学級という１つの集団のなかで授業を受け，学習することで占められている。ここでは教授方法の基礎をふまえながら，近年注目され，高等学校や大学をはじめ一部の小中学校でも採用されているアクティブラーニングと協同学習についても述べる。

6.3.1　教授法の基礎

①　教育者中心の教授法

典型的な「授業」は，教師が教室前方に立ち，用意された内容を時間内で伝えるスタイルであろう。このような教育者のペースで学習が進む方法を直接教授法といい，教育者が学習者に情報を伝える講義法，教育者の質問に学習者が答えそれを教育者が確認・評価する問答法，学習者に問題を解かせ正誤を確認する問題練習法などの種類がある。教育者が多くの情報を伝えることができ学習者の理解度を把握できるという利点があるが，受身の学習になり，学習者ごとに理解力，集中力，自制力などが異なるため教育者のペースに取り残される学習者が出る欠点もある。これらの欠点を補うため，習熟度別授業やチーム・ティーチングを導入する場合もある。

② 学習者中心の教授法

教育者中心の教授法では，どの内容をどの形式で教えるかに目がいきがちであるが，効果的な教育・学習には，学習者が自発的・積極的に訓練や選択を行い，意味を発見することが必要である。直接指導法に対して，学習者が何をどう学ぶかに重きがおかれた教授法を構成主義的教授法という。構成主義的教授法では，①１つの問題や知識を多面的に示すこと，②学ぼうとしている知識がどのような位置づけなのか，自分がどこまで理解できているかについての認知（メタ認知）を養うこと，③他者との協働や多様な意見の尊重をもとに学習することが推奨される。構成主義的教授法は教育者中心の教授法の反省や，学校教育に対する社会の要請の変化に伴って発展してきた。

6.3.2 アクティブラーニング，協同学習とその手法

構成主義的教授法と重なる要素も多いが，学習者が主体的・能動的に学ぶプロセスがさらに重視される学習法をアクティブラーニングといい，集団全体で学んでいくことに力点がおかれた学習法を協同学習という。

① アクティブラーニング

アクティブラーニングは，産業能率大学キャリア教育推進フォーラムによれば「一方向的な知識伝達型講義を聴くという（受動的）学習を乗り越える意味での，あらゆる能動的な学習のこと。能動的な学習には，書く・話す・発表する等の活動への関与と，そこで生じる認知プロセスへの外化を伴う」と定義され，ここ15年ほどの間に大学教育を皮切りにさかんに採り入れられてきた。ここでのアクティブ（active）とは能動的という意味で，自身の理解を確かめることや他者と協同して問題解決や知識の深化をはかることが目的となる。教育者と学習者のみの閉じられた関係ではなく，ほかの学習者の存在もある「社会」のなかで学ぶことも大きな特徴である。

② 協同学習

アクティブラーニングより以前に，学力とは何かについての議論やレヴィンらの集団心理学の研究などから発展してきた実践・理論として，協同学習がある。協同学習は「集団の仲間全員が高まることをメンバー全員の目標とする」ことを基礎においた教育実践活動や，そのための理論のことをさす（杉江，2011）。杉江によれば，教師の発問に対して児童・生徒が教師一人でなくほかのクラスメイト全員に向かって意見を述べたり，一斉に個別に問題を解いても早く終わった子が進度の遅い子を応援したりコーチングしたりするのも協同学習といえる。周囲に味方がいるという安心感のもとで意欲的に学習でき，学習効果が高まる場合が多い。

以下に，アクティブラーニングや協同学習を可能にする方法を紹介する。

①ジグソー法（図6.2）：協同学習，ピア・インストラクション（仲間による教え合い。ピア・ティーチングともいう）の考えを採り入れた方法。学級を４～６人程度のグループに分け，学習内容をグループ数と同数に分割する。各グループから１名ずつ集まり学習用のグループをつくり，そこで１つずつ分割された内容を学習する。その後，元のグループに戻り，学習用グループで学んだ部分をほかのメンバーに教え合うことで全体の学習が達成されるという方法で

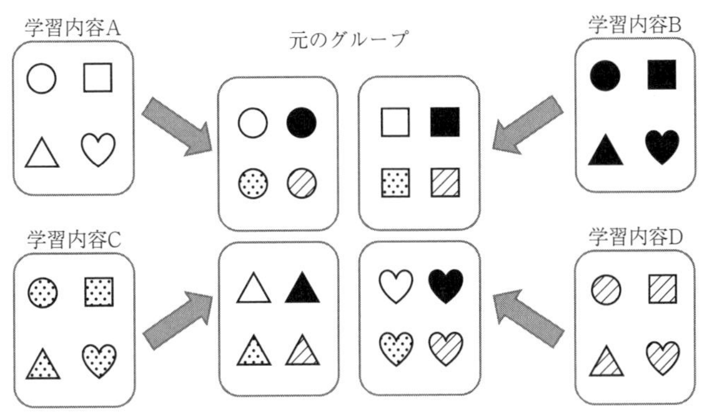

図6.2　ジグソー法　分割された内容を学習し，元のグループに戻って教え合う。

ある。学習者それぞれがジグソーパズルの１ピースのようにグループ内で欠けてはならない中心的役割を果たす必要があるため，自覚と意欲が高まる。

②プロジェクト学習：学習者同士がチームをつくり，特定の課題について何を調査してまとめ成果として発表するかという内容や，段取り，分担を決めて実行していくという一連の学習形態。教育者からの一方向的な教授と比べ，知識がより深く身につくというねらいがあり，科学教育で多く用いられる。調査手法や正解は示されず，試行錯誤を通して問題を発見し知識を習得するという方法ごと学ぶため，学習者は実際の研究と同じプロセスをたどる。

そのほかにも，バズ学習（学級を複数のグループに分け，グループごとに話し合う方法）や，初めは個人で考えるが徐々に意見を述べ合う人数を増やすThink, Pair & Share，グループで学習内容についてポスターを作成し教え合う方法，事前に基礎知識の学習を済ませてきてもらい授業場面では議論や演習をする反転授業などの手法がある（詳しくは栗山（2014）などを参考にされたい）。

しかし，アクティブラーニングや協同学習で最も重要なのは方法それ自体ではなく，それを用いることで何が学習者に可能になるのかという“目的”である。これを念頭において学習法をデザインし，そのつど改善していくことが肝要である。そして，学び合い・教え合い・聴き合いが促進されるには，手法の習得や目的の確認はもちろん，それが実践できるような学級の雰囲気や関係が整っている必要がある。学級集団の理解と適切な教授方法の選択・実行は，学校という場において互いに補い合って子供の成長を支える車輪の両軸のような関係といえるかもしれない。

課　題

1．あなたの学校生活のなかで，学級集団だからこそやりやすかった活動，逆にやりにくかった活動はあるだろうか。また，それはなぜだったのだろうか。
2．特定の児童・生徒が授業内での協同学習を拒むことが予想される場合，授業前や授業の間に，学級全体やその子供にどのような対応ができるだろうか。２つ以上あげ，ほかの読者が身近にいれば意見をシェアしてみよう。

〈より深めるための参考図書〉

釘原直樹（2011）『グループ・ダイナミックス—集団と群衆の心理学』有斐閣
杉江修治（2011）『協同学習入門—基本の理解と51の工夫』ナカニシヤ出版

〈引用文献〉

Asch, S. E.（1951）Effects of group pressure upon the modification and distortion of judgments. *Groups, leadership, and men*, 222–236.

Gini, G., Pozzoli, T., Borghi, F., & Franzoni, L.（2008）The role of bystanders in students' perception of bullying and sense of safety. *Journal of School Psychology*, 46, 617–638.

本間道子（2011）『セレクション社会心理学—26 集団行動の心理学—ダイナミックな社会関係のなかで』サイエンス社

伊藤亜矢子・松井仁（2001）「学級風土質問紙の作成」『教育心理学研究』49, 449–457

河村茂雄（2010）『日本の学級集団と学級経営 集団の教育力を生かす学校システムの原理と展望』図書文化

甲原定房（1990）「集団の利益のための逸脱行動に関する実験的研究」『実験社会心理学研究』30（1）, 53–61

栗山和弘編（2014）.『授業の心理学—認知心理学からみた授業方法論—』福村出版

黒川雅幸・三島浩路・吉田俊和（2006）「仲間集団から内在化される集団境界の評定」『名古屋大学大学院教育発達科学研究科紀要 心理発達科学』53, 21–28

Lewin, K., Lippitt, R., & White, R. K.（1939）Patterns of aggressive behavior in experimentally created "social climates". *The Journal of Social Psychology*, 10, 271–299.

三隅二不二・矢守克也（1989）「中学校における学級担任教師のリーダーシップ行動測定尺度の作成とその妥当性に関する研究」『教育心理学研究』37（1）, 46–54

村田隆紀（2016）「『アクティブラーニング』雑感」『物理教育』64（1）, 1–2

根本橘夫（1983）「学級集団の構造と学級雰囲気およびモラールとの関係」『教育心理学研究』25, 157–166

岡部弥太郎・沢田慶輔（1965）『教育心理学〔新版〕』東京大学出版会

Pike, R. W.（2003）*Creative Training Techniques Handbook*, 3rd Ed.（ロバート・パイク／中村文子監訳, 藤原るみ訳（2008）『研修＆セミナーで教える人のための クリエイティブ・トレーニング・テクニック・ハンドブック［第3版］』日本能率協会マネジメントセンター）

Rosenthal, R. & Jacobson, L.（1968）Teacher expectations for the disadvantaged. *Scientific American*, 218. 19–23.

杉江修治（2011）『協同学習入門—基本の理解と51の工夫』ナカニシヤ出版

鈴木翔（2012）『教室内カースト』光文社

コラム　今日からできる！　学習を促す環境づくり

一口に協同やアクティブな学びといっても，受けてきた授業の多くが直接教授法であった人にとっては，どのようにそれを促せばよいかわからない（村田，2016）。またこういった取り組みは，一部の教育従事者の間では「新しい」「大それている」というイメージが先行して実践へのハードルが高くなり，自分の教授スタイルではないとあきらめる例も聞かれる。そこでここでは，学習者の学びを促すために今日からできるちょっとした一工夫，便利な豆知識を紹介する。

まずは教室内の机の配置である。講義形式では全部の机が等間隔あるいは２つずつの等間隔に並んで前方を向いているが，話し合いを促し学級全体の一体感をもたせるためにコの字型，ロの字型のみならず，円形に並べて全員が中心を向けば，子供たち主体の話し合いが展開しやすい。書き物や机上の作業がない場合には椅子のみを配置するのもよい。小グループの際にはさらに多様な机の配置があり，２つの机をくっつけて４人で話したり，４つの机で６人集まるなど，児童・生徒どうしの距離を縮めて互いの意見を聴きやすくすることもできる（杉江，2011）。このように机が一人あたり１つであることに縛られすぎず，場合によっては子供の移動を許可すると，自由な発想が生まれやすい。また，体の向き・机の配置を変えるだけで，学習者が「今は話し合いの時間だ」と自覚できる。

学習者の集中力や意欲を保つための時間配分も重要である。一般的な大人であっても，理解しながら話を聞くのは90分，記憶に残しながら聞くのは20分が限界であるといわれる（Pike, 2003／中村他訳，2008）。学校の授業内では１コマのなかで２回程度，少なくとも１回は作業内容やスタイル・ペースの変更，配布物や回覧物の使用，挙手などによって全員が気分転換できるような配慮がなされることが望ましい。

第7章 学習の理論

「学習」という言葉を聞いてどのようなイメージをいただくだろうか。むずかしいテキストや参考書を開いて必死になって宿題に取り組む姿が思い浮かぶのではないだろうか。心理学においては，「学習」という概念はもう少し広くとらえられており，「経験を通して達せられる個人の諸傾向や諸能力の変容であって，ある期間持続し，しかも単に成長の過程には帰せられないもの」（ガニエ，1982）と定義される。つまり，知的情報の獲得に限定されず，何らかの経験によって新しいものの考え方や行動パターンを獲得し，それがある程度の期間持続することを学習ととらえているのであり，薬や疲労による一時的な変化は学習には含まれない。学習のとらえ方には，行動主義心理学に基づくものと，認知心理学に基づくものがあり，それぞれのとらえ方をベースにした教授法が提案されている。本章においては，この2つの基本的な学習理論を中心に，学びにかかわる基礎理論を学んでゆく。

7.1 行動主義における学習：条件づけ

7.1.1 古典的条件づけ（レスポンデント条件づけ）

「梅干し」や「レモン」という言葉を聞いただけで，唾液がでてくるという経験はとても日常的なものだろう。こうした反応は梅干しやレモンを食べたことのない人には起こらない。梅干しやレモンを食べるという経験をすることによって，学習された反応であると考えられる。

この現象のメカニズムは，パブロフ（Pavlov, I. P. 1849-1936）の条件反射として説明することができる。パブロフは，もともとは犬の唾液分泌（生得的にもっている反射＝無条件反応）の実験をしていたが，餌を与える際にベルを鳴らすことを繰り返すうちに，犬がベル音を聞いただけで唾液を出すようになることを見いだした。本来的には唾液の分泌とは無関係なベル音を，餌という唾液

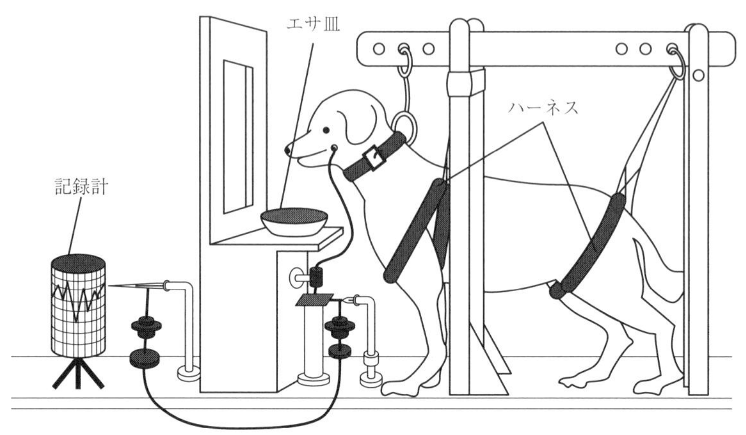

図7.1　パブロフの実験装置（古典的条件づけ）

分泌を促す刺激（＝無条件刺激）と繰り返し一緒に呈示することによって，餌とベル音の間に連合が成立し，ベル音が唾液分泌を引き出す条件刺激となったと考えられる。この条件反応として唾液分泌の学習成立プロセスを古典的条件づけ（レスポンデント条件づけ）と呼び，連合の成立を促すはたらきかけ（＝この場合は，餌とベル音の対呈示）のことを強化という。

しかし，条件づけ成立のあと，ベル音だけを聞かせ，餌をあげないという手続きを繰り返すと，犬はベル音を聞いても唾液を出さなくなる。これが消去と呼ばれる手続きであり，一度成立した連合を消すはたらきかけである。

また，ある音質のベル音Ａ（たとえば，ブー）による古典的条件づけが成立すると，類似した音質のベル音Ｂ（たとえば，ビー）でも唾液が分泌されるようになる。この現象を般化といい，白衣を着た医師に注射をされた小さな子供が，母親の白いエプロンも怖がるようになるなどの日常的な出来事も，同じメカニズムによって説明される。いっぽう，般化成立のあと，ベル音Ａのときには餌を与え，ベル音Ｂのときには餌を与えないという手続きを繰り返すと，犬は２つの音質を識別するようになり，ベル音Ａのときには唾液が分泌されるが，ベル音Ｂのときには分泌されなくなる。この現象を分化と呼んでいる。

7.1.2 道具的条件づけ（オペラント条件づけ）

古典的条件づけによって学習される条件反応は，基本的には自分の意志でコントロールできない不随意反応（たとえば，唾液分泌）であった。いっぽう，自分の行動の結果として環境が変化するという認知がより重視され，自発的な行動を学習する条件づけが，道具的条件づけ（オペラント条件づけ）である。

スキナー（Skinner, B. F. 1904-1990）は，スキナー箱と呼ばれる図7.2のような装置をつくった。このなかに空腹状態のネズミを入れると，ネズミは箱のなかをうろうろするが，そのうち偶然手足がレバーに触れ，餌という快刺激を得る。これを何度か繰り返すうちに，ネズミは自ら積極的にどんどんレバーを押すようになる。つまり，“レバーを押す”という自らの意思でなされる行動（＝オペラント行動）の学習が成立したのである。この場合，レバーを押すという行動が，餌を得るための道具として機能しているため，道具的条件づけと呼ばれる。

このように，行動の結果（快または不快）によって，次に同じ行動をする頻度，もしくは確率が変わってくるというのが，道具的条件づけの基本原理である。ごほうびや賞賛などの報酬は特定の行動を促進し，罰は行動を抑制するという道具的条件づけ理論によって，日常的な「しつけ」のメカニズムを説明す

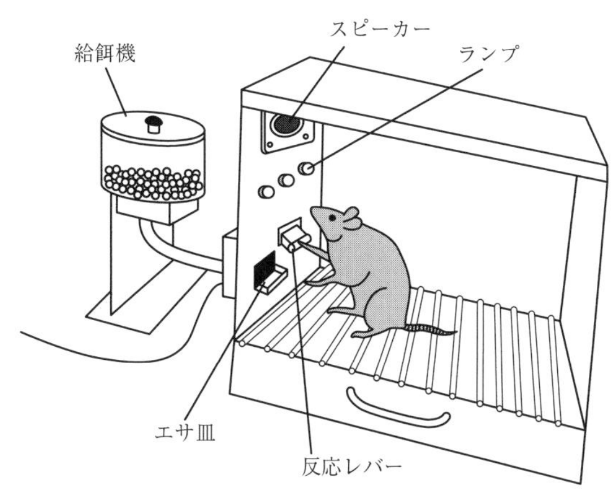

図7.2 スキナー箱（道具的条件づけ）

ることができる。

7.2　行動主義と認知論

これまで解説してきた条件づけ理論は，20世紀はじめにワトソン（Watson, J. B. 1878-1958）によって提唱された行動主義の考え方に基づいている。行動主義においては，研究対象を観察可能な行動のみに限定し，経験による行動の比較的永続的な変容を学習ととらえていた。刺激に対する反応の連合の成立を学習とみなし，学習の基本原理は，刺激と反応の連合をつくりだす条件づけと考えられていた。そのため，行動主義心理学の立場は連合説と呼ばれている。行動主義においては，主として動物実験による研究が進められ，人間の学習も同様のメカニズムをもっていると考えていた。そして，学習にあたって重要なのは，行動そのものと行動に関与する環境条件を整えることであると考え，教える立場にある者の教材や指導方法の工夫が強調された。こうした行動主義に基づく学習研究は，1950年代まで心理学において隆盛を誇っていた。

1950年代半ばごろ，知覚，記憶，思考，意思決定などの人間の認知機能を，情報処理モデル（＝人間を情報処理システムとみなして，その仕組みや処理のしかたを記述するモデル）によって検討していく認知心理学が出現し，1970年代には行動主義をしのぐ勢いとなった。学習を強化による連合の形成・消去という原理で説明してきた行動主義とは異なり，認知心理学では，学習とは「既に持っている知識を使ったり，新しい知識を獲得したりすることによる知識構造の変化」としてとらえられている。言い換えるならば，直面した問題に対して，自分がすでにもっているスキーマを用いて解決することができる，あるいは，新たなスキーマを構成することで問題解決に至ることと考えられる。人間の学習を新しい情報の獲得と保存のプロセスと考え，自分の問題の全体的構造を新たな視点からとらえなおすことが学習の本質であるととらえたのである。

認知心理学における学習において重要なのは，教える側ではなく，情報処理を行う学習者の側である。刺激や情報を受動的に受け取る存在として学習者をとらえてきた行動主義心理学とは異なり，学習者は，目標に向けて能動的に活

表7.1　学習の２つのとらえ方

	行動主義心理学	認知心理学
学習のとらえ方	条件づけによる刺激と反応の連合の形成	問題の全体構造の把握 知識構造や知識獲得プロセスの形成
重視される側面	行動＝できること	洞察＝わかること
学習の成立	ひとつひとつ段階を追って徐々に成立する	一瞬のひらめきによって成立する
重視される動機づけ	外発的動機づけ	内発的動機づけ
カリキュラムの目標	連合の強化と目標とする	概念理解や一般的能力の開発を目標とする
教育観	賞罰による指導	学習者の主体的学習の支援
教師の役割	調教師	ガイド
学習者の位置づけ	受動的な情報の吸収者	能動的な知識の構成者

出所：多鹿（2001）および無藤ほか（2004）を参考に筆者が作成

動する者としてとらえられるようになったのである。

7.3　認知心理学における学習

7.3.1　洞察による学習

日常生活においても，それまでばらばらに知っていた事柄が，あるとき突然結びついて，まったく新しい理解のあり方にたどりつくという経験があるだろう。このような，それまで関係ないと思っていた事柄間の機能的な関係に気づくことで，新たな目標達成手段を得ることを洞察による学習と呼んでいる。この洞察による学習を提唱したのは，ケーラー（Köhler. W.）である。

ケーラーは，チンパンジーを使った実験からこの学習理論を導いている。チンパンジーを檻のなかに入れ，２本の棒を檻に入れておく。バナナを棒１本の長さよりも遠いところに置くと，１本の棒を使って何とかバナナを取ろうとするが，そのうちにバナナのことはあきらめたように，２本の棒で遊びはじめる。２本の棒で遊んでいるうち，ふとした拍子に太い棒のなかに細い棒を差し込めることに気づくと，チンパンジーは，２本の棒をつなぎ合わせて１本の長い棒とすることで，バナナ獲得に成功したのである。チンパンジーはこの１回の経験から，それまでは問題解決手段として認識されていなかった2本の棒が，つなぎ合わせれば遠くのバナナをとる有効な手段となりうることを学習したのである。問題に取り組むうちに，チンパンジーは自分が何をすればよいのかについての洞察を得ることで，新しい問題解決手段が獲得されたことになる。

7.3.2　認知構造の成立による学習

トールマン（Tolman, E. C.）は，学習とは，「何をどうすればどうなるか」がわかることととらえた。つまり，手段と目的の関係が頭のなかに認知構造としてできあがることであると考えたのである。学習目標と，達成手段（サイン）とが存在するとき，学習の成立とは，目標と手段との機能的関係（ゲシュタルト）が頭のなかに認知図としてできあがることであるとされる（鈴木，2001）。

彼は，学習の成立のために有効なのは，強化ではなく，問題場面を探索することで，認知図をつくることであることを示した。トールマンのこのような考え方は，サイン・ゲシュタルト説と呼ばれている。

7.4　観察学習

人間は社会生活を営みながら，それと指示されなくとも多くのことを学んでいる。学ぶように指示されることもなければ，必ずしも自分自身で経験していないこともある。このような学びは，学習を学習者が直接関与し，強化を受けて成立するものととらえる条件づけ理論では説明できない。バンデューラ（Bandura., A.）は，直接強化がなくても，見ているだけで成立する学習のことを観察学習（モデリング）と呼んだ（バンデューラ，1975）。

観察学習においては，情報は，モデルを見るという行為によって学習者に取り込まれ，保存され，再現される。観察学習は，間接的な経験による学習であるが，モデルが攻撃行動に対して罰を受けるという場面を観察した場合においても，意識的・積極的な模倣は抑制されても，行動の学習そのものは成立することが知られている。このように，観察学習は賞罰の条件づけメカニズムをしのぐパワーをもつこともある。

実際の教育場面を考えてみても観察学習の威力は明らかだろう。暴力はいけないということをわからせようと体罰を与えても，子どもの暴力はおさまらないだろう。子どもたちは，賞罰や言語的メッセージの内容よりも，ふるまいとしての暴力のほうをより強く学習してしまうからである。

7.5 さまざまな学習指導

7.5.1 行動主義心理学を理論的根拠とする学習法

スキナーのオペラント条件づけの理論を生かした学習法が，プログラム学習である。プログラム学習では，学習目標を達成するために，学習内容を段階的に細かいステップに区分し，系統的に配列する。学習者は，各ステップが終わるごとにプラスの強化を受け，学習継続へ導かれる。プログラム学習の基本原理は下記のとおりである。

①スモールステップの原理：目標を細分化し，小目標を段階的に呈示することを積み重ねる。

②積極的反応の原理：課題に対する自発的で積極的な学習者の反応により，学習が進む。

③即時フィードバックの原理：正誤をすぐに学習者に確認，強化を行う。

④ヒント後退の原理：学習の進み具合によって，提供するヒントの量や質を調整する。学習初期では，ヒントをどんどん与えるが，学習の後期には，ヒントを徐々に減らして，自力で正答が得られるように援助する。

⑤自己ペースの原理：集団指導とは異なり，学習者は自分のペースで学習を進めることができる。能力差は達成度ではなく，学習に要した時間として表れることになる。

プログラム学習では，学習者全員が最終目標へ到達することがめざされており，学習者は自分のペースで学習を進めることが可能になる。

7.5.2 認知心理学を理論的立場とする学習法

オーズベル（Ausbel, D. P.）は，一斉学習の形態で行われている現在の学校教育における学習過程を，従来のように受動的なものとはとらえず，学習者が自らの既有知識との関連づけを積極的に行い，新しい知識を取り入れる能動的なプロセスであると考えていた（森，1997）。この考えに基づき，提唱されたのが有意味受容学習である。

ここでの「有意味」とは，学習者の既有知識や枠組みを用いることで理解できる，あるいはその学習内容を理解するための新しい枠組みを学習者が構成することができるということを意味している（多鹿，2001）。つまり，大切なのは，学習者の側に新しい学習内容と関連づけられる知識や枠組みが準備されていることとなる。

そこで，具体的な教授法として提唱されたのが，先行オーガナイザーの呈示である。新しい学習内容と関連する情報を学習者にあらかじめ呈示することで，後続して呈示される新しい学習内容の理解を助ける知識や枠組みが学習者のなかに形成され，新しい学習内容の理解を助けることになると考えたのである。このようなあらかじめ呈示され，のちの学習内容の理解を助ける情報が，先行オーガナイザーである。先行オーガナイザーには，学習内容が学習者にとってなじみのないものである場合にあらかじめ解説を行う説明オーガナイザー，学習者の既有知識の差異を明確にする比較オーガナイザー，解説を視覚的に提示する図式的オーガナイザーがある（竹綱，2005）。講義開始時に講義全体の概要を伝えることなども，この先行オーガナイザーの呈示にあたる。

認知心理学を基礎とするもう１つの代表的な学習法として，ブルーナー（Bruner, J. S.）が提唱した発見学習があげられる。発見学習とは，教師が教えるのは答えではなく学習の方法であり，学習者はその方法を用いて，データや資料に基づき問題解決に取り組むことで答えを見いだすという教授法のことである。その際，学習者の直観的思考，すなわちひらめきを促すように系統的な指導を行うことが教師の役目となる。発見学習は，学びのプロセスにおいて時間と労力がかかるという欠点はあるものの，汎用性のある問題解決法の習得がなされ，学習者のアクティブな参加を促進し，内発的動機づけを高めるという大きな効果が見込まれる。

課　題

1．プログラム学習・有意味受容学習・発見学習の身近な例を考え，それぞれの特徴についてまとめてみよう。
2．学級における生徒指導における行動療法的考えの援用可能性について，具体例に基づいて考えてみよう

〈より深めるための参考図書〉

波多野誼余夫編（1996）『認知心理学 5　学習と発達』東京大学出版会
市川伸一・伊東裕司・渡邊正孝・酒井邦嘉・安西祐一郎（1994）『岩波講座認知科学 5　記憶と学習』岩波書店
下山晴彦編（2011）『認知行動療法を学ぶ』金剛出版
山上敏子（1990）『行動療法』岩崎学術出版社

〈引用文献〉

バンデューラ，A. 編著／原野広太郎・福島脩美訳（1975）『モデリングの心理学：観察学習の理論と方法』金子書房
ガニエ，R. M. ／金子敏・平野朝久訳（1982）『学習の条件』学芸図書
森敏昭（1997）「学びのメカニズムをめぐって」鹿毛雅治・奈須正裕編著『学ぶこと教えること：学校教育の心理学』金子書房
森敏昭（2004）「学習」無藤隆・森敏昭・遠藤由美・玉瀬耕治（2004）『心理学』有斐閣
大隈紘子・伊藤啓介（2005）『肥前方式親訓練プログラム AD/HD をもつ子どものお母さんの学習室』二弊社
鈴木隆男（2001）「学習の原理」小林芳郎編著『心の発達と教育の心理学』保育出版社
多鹿秀継（2001）『教育心理学：「生きる力」を身につけるために』サイエンス社
竹綱誠一郎（2005）「どのように教えるか」鎌原雅彦・竹綱誠一郎『やさしい教育心理学（改訂版）』有斐閣

コラム　行動療法：学習理論を基礎とした臨床技法

アイゼンク（Eysenck, H. J.）は，人の内面へアプローチする心理療法への懐疑を出発点として，心理学の学習理論を基本理論として，行動変容を重視した行動療法を提唱した。

行動療法においては，行動とは学習によって獲得されるものであると考えられ，不適応行動も，心の問題としてとらえるのではなく，特定の状況において行動主体が学習したものであると考える。したがって，学習された行動を消去し，適切な行動を学習することが介入の目的となる。なぜある不適応行動が起きるのかを明らかにするために，問題状況を精密に観察・記録することで，問題となる行動の先行刺激（A：Antecedent），問題となる行動（B：Behavior），行動の結果（C：Consequence）の随伴関係を明らかにする。この一連の手続きを行動分析（課題分析・ABC 分析とも呼ばれる）と呼ぶ。行動の結果によって先の行動が繰り返される場合は，強化が生じたとみなされ，行動の結果によって行動の生起する頻度が減少すれば，負の強化が生じたと考え，介入方法が検討される。

行動療法は，恐怖症や不安神経症の治療や，発達障害など行動上の問題のある対象に有効であることが知られている。行動療法の主な利点としては，次の点があげられる（山上，2001）。

①具体的であること：何が問題となっているのかを把握して訴えを明確化し，どの行動を変容すべきターゲット行動とするか，またどのような介入法を採用するのかを明確にする。

②生活・社会技術の学習の方向をもつ：病理を追求してそれを解消して治すというよりも，苦痛が軽くなるように，生活しやすくなるように方向づけをして治療を進める。

③問題に応じた方法を用いる：行動療法には多くの技法があり，そのときの対象に応じていろいろな技法を用いて治療する。

代表的な技法としては，ウォルピ（Wolpe, J.）によって提唱された系統的脱感作法がある。系統的脱感作法は，①不安階層表（不安や恐怖を感じる具体的場面を列挙してもらい，それらを程度に応じて並べたリスト）の作成，②漸進的弛緩法や自律訓練法などによるリラックスさせる技法の習得，③不安階層表の程度が低い場面からイメージや実際の現物によって不安を喚起させ，同時にリラクゼーション技法によって不安反応を減少させることを繰り返し行う（脱感作）という手順で行われる。ほかにも，お手本を見せるモデリング，獲得目標である行動をスモールステップに分割して段階的に習得させていくシェイピングなどの技法もある。また，近年，認知的な構えを行動療法の手法により変化させる認知行動療法が病や強迫神経症の治療法として注目されている。

行動療法は，臨床的介入だけではなく，たとえば「お菓子を買ってほしいとお店でだだをこねる」などのごく日常的な「ちょっと困った行動」の修正にも応用可能である。また，子供の環境の中心である親が日常生活のなかで治療者役割をとっていく発達障害の親訓練（Parent Training）にも適用されている（大隈・伊藤，2005）。

第8章
記憶のメカニズム

自分の学習を振り返れば，ものを覚えること，すなわち記憶が学習の土台であることに異を唱える人はいないだろう。テストのとき，すぐれた記憶力をもつ人をうらやましいと感じたことは，多くの人に共通の経験ではないだろうか。

たくさんの情報を蓄えている博識な人や，ずいぶん前に学習したことでも忘れない人に出会うと，私たちはその記憶力のすばらしさに驚嘆する。けれども，よく忘れ物をする人や，約束をすっぽかしたり自分の過去の言動を忘れてしまう人に対しては，その記憶力の悪さにあきれてしまう。また，どんなに情報を覚えこむのはじょうずでも，右から左に抜けてしまう人のことは記憶力がいいとは思わないし，いくら普段多様な知識をひけらかしていても，テストなど肝心なときにその知識を思い出せない人はやはり記憶力がいい人とはいわれないだろう。では，「記憶力がいい」ということはどのようなことなのだろうか。ここで，記憶のメカニズムについて確認しておこう。

8.1　記憶の仕組み

8.1.1　記憶のプロセス

記憶とは，狭義には，経験を再現する機能であると定義され，情報を憶えこむという記銘，憶えた情報が消えてしまわないようキープする保持，そして必要なときに思い出す想起という3つのプロセスから成り立っている。この3つのプロセスは情報処理システムになぞらえて，それぞれ符号化，貯蔵，検索ととらえられる。また，想起には，ゼロから思い出す再生と，手がかりを与えられれば思い出せる再認の2つがある。例として，犯人目撃証言場面を考えてみよう。白紙の画用紙を渡されて犯人の似顔絵を書くという想起の仕方は再生であり，数名の容疑者の顔のなかからどの人が犯人かを思い出すのは再認にあたる。テストであれば，空欄補充問題は再生課題であり，二者択一や三者択一などのように選択肢が与えられている問題は再認課題となる。どちらの例からもわかるように，一般に再認のほうが再生よりも容易であり，課題成績もよいことが知られている。

先述の記憶の良し悪しについての日常的な感覚からも，この３つのプロセス，つまり，たくさんの情報をインプットし（＝記銘），それを忘れずに保ち続け（＝保持），必要なときに思い出すことができる（＝想起）という三過程が揃ってうまく機能することが必要であることがわかるだろう。

8.1.2　宣言的記憶と手続き的記憶

記憶は，記憶される情報の内容によって，宣言的記憶（陳述的記憶ともいう）と手続き的記憶に分けることができる。宣言的記憶とは，事実に関する知識であり，言語によって記述することが可能な記憶である。宣言的記憶は，実体験によって獲得されることもあるが，本などの言語情報から獲得されることも多い。

いっぽう，手続き的記憶とは，ものごとを行う方法・手順に関する記憶であり，記憶として意識されることは少ない。この２つの記憶は，まったく別々のものというわけではなく，習熟によって連続的に移行することがある。次の例をみながら考えてみよう。

パソコンやDVD機器を購入したばかりのときは，マニュアルに首引きで，１つひとつそのやり方をときに声に出して確認しながら操作をする。このときの操作手続きに関する記憶は，１つひとつ言葉として意識的に確認し，言葉として思い出すことが必要な宣言的記憶であるといえる。しかし，ある程度慣れてくると，もうマニュアルを見なくても素早く，ほとんど自動的に操作できるようになる。このとき，１つひとつの操作事項は，言語情報として想起されるというより，「身体でおぼえている」という表現にみられるように，無意識的に実行されている。このように，手続きが無意識化，自動化することを手続き化といい，宣言的記憶が手続き的記憶に変換されたと考えられる。

8.1.3　エピソード記憶と意味記憶

さらに，宣言的知識は，具体的・個人的な出来事の記憶であるエピソード記憶と，一般的な事実・概念・言葉の意味についての知識である意味記憶に分けられる。たとえば，「ゆうべ大学の友人と渋谷で夕食を一緒に食べた」などように，場所や時間，状況が特定できる個人的経験の記憶がエピソード記憶である。いっぽう，「銀座とは，東京都中央期にある繁華街である」「夕食とは，一日のうち夕方に食べる食事のことであり，夕餉（ゆうげ）ともいう」などのような世界に関する一般的・常識的な知識が意味記憶である。

8.2　記憶の貯蔵庫モデル

8.2.1　感覚登録器

アトキンソンとシフリン（Atkinson & Shiffrin, 1968）は，記憶のプロセスを，情報が蓄えられる流れと考える「貯蔵庫モデル」としてとらえている。

情報は，まず感覚によってキャッチされるが，感覚登録器にその情報がとどまっているのはごく短い間だけで，多くの情報はそのまま数秒以内に失われる。この感覚によってとらえられた情報は，一般に感覚記憶と呼ばれることもある。

8.2.2　短期記憶

感覚登録器によってとらえられた情報のうち，すべての情報が次のステップに進むわけではない。注意を払われた情報だけが，次の短期貯蔵庫へ送られ

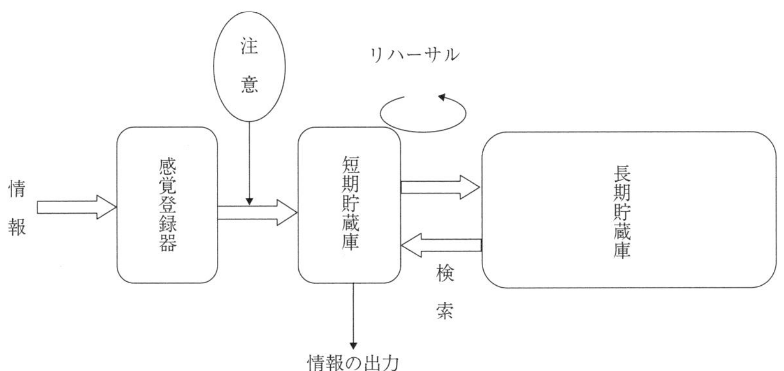

図8.1　記憶の２貯蔵庫モデル
出所：Atkinson & Shiffrin（1968）をもとに筆者が作成

る。この短期貯蔵庫の記憶を短期記憶と呼ぶが，短期記憶は，何もしなければ，通常10～30秒ほどで失われる。短期記憶が消えないように保つためには，リハーサル（繰り返し）などの記憶方略を使う必要がある。高校時代の日本史や世界史の定期試験直前に，念仏のように一夜漬けで覚えた年号や人名をひたすら繰り返し唱えてなんとかテストをクリアした経験をもつ人も多いだろう。この繰り返しがリハーサルであり，繰り返しをすることで通常なら30秒ほどで失われる情報をとどめておく働きをもっているのである。何もしなければ，本来的に情報はすぐに失われてしまうがゆえに，テストが終わり，リハーサルをやめた途端，にわか勉強の内容は忘れられ，学習成果が身につかないのである。

また，短期記憶のもう１つの特徴として，厳しい容量制限があることがあげられる。ミラー（Miller, 1956）は，人間が一度に覚えられる情報は，だいたい５～９個（７±２）の情報であり，平均すると７個であることを明らかにした。私たちの経験を振り返っても，一度に６～７人の初対面の人の名前を覚えるのは比較的簡単だが，10人以上になるとお手上げとなり，名前と顔の混同が起こったり，最初から覚えようとすらしなかったりするのではないだろうか。蓄えられる情報の数がきわめて限られているのである。

この短期貯蔵庫は，一時的に情報を蓄えるだけではなく，新しい情報を長期貯蔵庫にある既存の情報と照合したり，関連づけたりする作業を行う場でもあり，作業記憶（working memory）と呼ばれることもある。

8.2.3　長期記憶

長期貯蔵庫にあり，ほぼ永久的に保持されている情報を長期記憶という。貯蔵庫モデルによれば，短期貯蔵庫にはいった情報は，長期貯蔵庫へ転送する意図のもとにリハーサルを一定回数以上行うことによって長期貯蔵庫へ移動し，ほぼ永久的に保存される。長期貯蔵庫に保存された情報は，ばらばらの状態ではなく，その人なりの秩序をもって保存されていることが知られている。たとえば，「桃，人参，白菜，リンゴ，みかん，大根，ほうれん草」と記憶する場合，「桃，リンゴ，みかん」は果物というカテゴリーでまとめて保存され，「人参，白菜，大根，ほうれん草」で野菜とカテゴリーでまとめて保存されるのである。

このように，長期貯蔵庫においては，情報はその人なりの構造をもって保存され，必要に応じて検索されることになる。すなわち，その人のもつ知識構造や教養なのである。

8.3　系列位置効果

8.3.1　系列位置効果とは

「ゾウ」「カメ」「ネコ」「トラ」…のように，順番に呈示される情報を記憶し，その直後に呈示された情報を，呈示順序にかかわらず，できるだけたくさん思い出してもらう（このような記憶課題のことを自由再生課題という）。どのくらい思い出せたのかの割合（これを再生率という）を縦軸に，何番目に呈示された情報なのかという系列位置を横軸にとってグラフ化したものが図8.2である。再生率がU字を描いていることがわかるだろう。つまり，最初のほうに呈示された情報と最後に呈示された情報は，よく記憶され，真ん中あたりに呈示された情報は忘れられているのである。最初のほうに呈示された情報の再生率が高いことを「初頭効果」，最後のほうの情報の再生率が高いことを「新近効果」という。このように，羅列的な情報を記憶する場合に，記憶の難易度

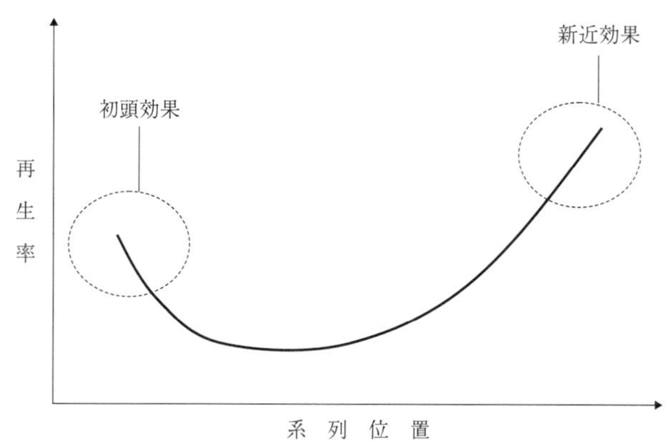

図8.2　系列位置効果

が，呈示される順番の影響をうけることを系列位置効果という。では，なぜこのような現象が起こるのだろうか。系列位置効果は，貯蔵庫モデルによって説明することができ，貯蔵庫モデルの論拠としてあげられることもある。

8.3.2 貯蔵庫モデルによる説明

順番に呈示される情報を記憶しようとするとき，私たちは心のなかで情報を繰り返し唱えてなんとか情報を保持しようと努めるだろう。先の例で考えるならば，「ゾウ」と情報が呈示されれば，心のなかで「ゾウ」「ゾウ」「ゾウ」…と繰り返し，次の「カメ」が呈示されれば，「ゾウ，カメ」「ゾウ，カメ」…，「ネコ」が呈示されれば，「ゾウ，カメ，ネコ」「ゾウ，カメ，ネコ」…と繰り返すだろう。つまり，はじめに呈示された情報はリハーサル回数が多く，そのため長期貯蔵庫に送られ情報が保持されることになる。再生する際には，情報は長期貯蔵庫から出力されるのである。

いっぽう，最後のほうの情報は，呈示されてから再生までの時間が短く，10～30秒という短期記憶の保持時間内に再生されるため，まだ短期貯蔵庫内に情報が残っており，短期貯蔵庫から出力されると考えられる。このように説明すれば，最初と最後のほうの情報の再生率が高いという現象が生起するメカニズムを理解することができるだろう。

8.4 処理水準アプローチ

8.4.1 処理水準アプローチとは

これまで紹介してきたような貯蔵庫モデルを批判する考え方が，処理水準アプローチ（Craik & Lockhart, 1972）である。日常生活において人間が行っている認知的処理に注目した考えであり，リハーサルの回数や長さよりも，人間の情報処理の深さを重視するアプローチである。つまり，意味を考えるというより深い処理が行われた場合に，よく記憶されるとしたのである。

8.4.2 維持リハーサルと精緻化リハーサル

処理水準アプローチでは，リハーサルについても質と量の２つの側面から考え，区別すべきであると主張されている。単純に繰り返しを行うだけのリハーサルを維持リハーサルという。維持リハーサルでは，浅いレベルの処理しか行われていないため，リハーサルを続けている間は情報を保持することができるが，リハーサルをやめるとすぐに情報が消失してしまう。テスト直前に念仏のように年号や人名を繰り返し唱え，そのテストは何とか切り抜けられてもテストが終わった途端にきれいさっぱり忘れてしまい，確実な知識としては定着しなかったという経験は，まさに維持リハーサルによる保持と消失である。いっぽう，意味を考えたりイメージ化したりといった深い処理を伴うリハーサルは，精緻化リハーサルと呼ばれ，記憶の定着に大きな力を発揮することが知られている。

8.5　記銘方略

では，「ものおぼえ」をよくするにはどうしたらよいのだろうか。効果的なテクニックは存在するのだろうか。情報を記憶にとどめておこうとする認知的活動のことを記銘方略という。代表的な記銘方略を紹介しよう。

1つ目はチャンク（chunk）をつくることである。チャンクとは「塊」「意味のまとまり」という意味の英単語である。先に短期記憶には厳しい容量制限があることを述べたが，このチャンクをじょうずにつくることによって，より多くの情報を短期記憶において処理することが可能になる（三宅，1995）。つまり，一度に処理が可能な情報の数である（7 ± 2）とは，（7 ± 2）チャンクの情報ということになる。たとえば，「J」「P」「N」という3つのアルファベットをそのまま処理しようとすれば，3つの情報となるが，「JPN」が日本（JAPAN）の略称であることに気づき，ひとつにまとめる（＝チャンクにする）という作業を行えば，3つのアルファベットだが1つの情報として処理することが可能になるのである。情報をばらばらのまま覚えるのではなく，既有知識を利用して，いくつかのかたまりに区切りなおすことで，記憶の容量を節約するのである。

2つ目には，有意味化があげられる。歴史の授業の際，年号暗記のために語呂合わせを使った人は多いのではないだろうか。明智光秀が織田信長を討った本能寺の変の年号を覚えるのに「1582」と数値の列として憶えるのではなく,「イチゴパンツ（1582）の本能寺」のように語呂合わせをつくり，数字に意味を付与すると格段に憶えやすくなる。ほかにも複数の情報を結びつけたイメージや物語をつくって覚えるイメージ化，物語化というテクニックもある。もの覚えは，こうしたテクニックをうまく活用することで格段に向上するものなのである。

しかし，こうしたテクニックだけではない。前述のように，長期貯蔵庫の情報は，その人なりのまとまりをもって貯蔵されるが，そのまとまりがうまくつくれていれば，必要なときに必要な情報を引き出しやすくなる。中学・高校時代に，テスト勉強として歴史のノートまとめをした経験のある人は多いだろう。そのとき，人のノートのコピーで勉強するよりも，自分で時間をかけてじっくりノートをつくったときのほうが，格段に成績がよかったのではないだろうか。それは，自分なりのやり方で情報をまとめ，しまっておくからであり，また，まとめるプロセスにおいてあれこれと考えるという深い心的処理を伴っているからなのである。洗濯もの１つでも他人がしまうとどこに必要なものがあるのかわからなくなる。長期貯蔵庫に情報をじょうずに蓄えるように自分で工夫することが，想起しやすさにつながり，結果的には「記憶力アップ」につながることになる。

年齢を重ねるとどうしても忘れっぽくなり，日常生活でも小さな不便を感じることがある。学習時はもちろんのこと，日常的にも，情報を自分なりに整理してたくわえる，メモをとるなど手がかりを活用するなど，記憶の心理学理論をうまく使うことで，生活が豊かなものになるのではないだろうか。

課　題

1．系列位置効果が起こるメカニズムについて，貯蔵庫モデルに基づいて説明してみよう。
2．あたなはこれまでテスト勉強などでたくさんのことを覚えるために自分なりに工夫したことはあるだろうか。記憶のテクニックについて，日常的なエピソード事例をあげ，理論を参照しながら解説してみよう。

〈より深めるための参考図書〉

森敏昭・井上毅・松井孝雄（1995）『グラフィック認知心理学』サイエンス社

太田信夫・厳島行雄（2011）『記憶と日常』（現代の認知心理学）北大路書房

高野陽太郎編（1995）『認知心理学 2　記憶』東京大学出版会

大田信夫・多鹿秀継編著（2000）『記憶研究の最前線』北大路書房

コーエン，G. ／川口潤他訳（1992）『日常記憶の心理学』サイエンス社

〈引用文献〉

Atkinson, R.C. & Shiffrin, R.M.（1968）Human memory: A proposed system and its control processes. In Spence, K. W. & Spence, J. T.（Eds）, *The psychology of learning and motivation*, vol.2, Academic Press

エビングハウス，H. ／宇津木保・望月衛訳（1978）『記憶について』誠信書房

Craik, F. I. & Lockhart, R. S.（1972）Levels of processing: a framework for memory research. *Journal of Verbal Learning and Verbal Behavior*, 11, 671–684

Miller, G. A.（1956）. The Magical Number Seven, Plus or Minus Two: Some Limits on Our Capacity for Processing Information, *The Psychological Review, vol.* 63, *pp. 81–97*

三宅晶（1995）「短期記憶と作動記憶」高野陽太郎編『認知心理学 2　記憶』東京大学出版会，pp.71–99

コラム　忘却のメカニズム

本章では，記憶について学習してきた。じつは，最初の記憶に関する実験心理学研究は，エビングハウス（Ebbinghaus, H.）による忘却の研究である。ここで，「忘れる」ことについて学習しよう。

エビングハウスは記銘材料の意味の影響を排するために，sid, zat などのような２つの子音と１つの母音から構成され，かつ特定の意味をもたない綴り（＝無意味綴りという）を2300個作成し，自分自身を唯一の被検者として記憶課題に取り組んだのである。その結果が，図8.4のグラフである。

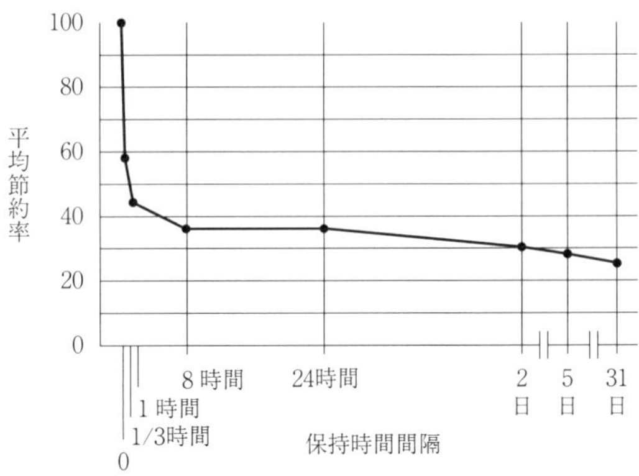

図8.4　忘却曲線

出所：Ebbinghaus, 1885；Smith, *et al.*, 2005より

グラフからもわかるように，忘却は初期に急速に進み，１日たつと記憶されているのはもとの情報の26％にすぎないことがわかる。しかし，１日たっても保持されている情報は，それ以降も保持され続けることが多いことも示されている。

では，忘却はどのような仕組みでおこるのだろうか。３つの説がある。１つは，自然崩壊説である。これは，一度記憶された情報が，時間がたつにつれて徐々に壊れていき，最終的には情報そのものが消失してしまうことを忘却ととらえるものである。２つ目は，干渉説である。これは，すでに記憶されている以前からある情報とこれから記憶しようとする新情報との間に起こる干渉が，忘却の原因であるとする考えである。干渉には，新情報のほうが以前からある情報の影響を受けて，新情報が記憶しにくくなってしまったり，内容が歪んでしまう（＝正しいかたちで記憶できない）場合（これを順向抑制という）と，以前からある情報のほうが新情報の影響を受け，思い出せなくなったり内容が歪む場合（逆行抑制という）がある。

しかし，自然崩壊説も干渉説には，情報そのものが消失あるいは歪んでしまうことが含まれており，「テストのときにはどうしても思い出せなかった解答を，道でつまずいた瞬間に思い出した」「もう忘れたと思っていた中学時代のエピソードを，クラス会で旧友の顔を見た途端に思い出した」というような現象を説明することはむずかしい。こうした現象を説明できるのが，検索失敗説である。つまり，忘却というのは，情報そのものがなくなってしまったりかたちが変わってしまうということではなく，必要なときに必要な情報を取り出すことに失敗しているだけで，情報そのものは残っているというとらえ方である。忘却を情報検索の失敗ととらえる考え方によれば，ちょっとした手がかりによって芋づる式にさまざまなことが想起されるという，日常的な経験も説明することができるだろう。

第9章
やる気の心理学：動機づけ理論

「どうしたらウチの子やる気になってくれるかしら…。」
「あの新入社員にやる気を起こさせるにはどうしたらよいだろう…。」
人を育てる立場にたったことのある人なら，一度はつぶやいたことがあるセリフではないだろうか。ときには，「やらなきゃいけないことはわかっているが，どうしてもやる気になれない…」のように，自分自身のやる気をふるいたたせたいと思うこともあるだろう。知的発達や仕事の能率，より広くは社会全体の活気や発展にも，「やる気」が大きくかかわっていることは，経験的にまちがいない。
この「やる気」のメカニズムを説明する心理学理論が「動機づけ（motivation）」である。昨今の教育界においては，この動機づけの二極化が進んでいることが指摘されている。すなわち，何も指導しなくても自発的に学習に取り組む動機づけの高い子供たちと，どう指導してもまったく学習に向かわない子供たちに二分され，指導が非常に困難になっているという。本章では，動機づけ理論について，学びという観点を中心にしながら，学習する。

9.1 動機づけとは

9.1.1 動機づけ

一般に，「動機」とは，「ある状況下での行動決定の意識的・無意識的な原因」（『岩波国語辞典』）と理解されるが，心理学における「動機づけ」とは，上記の動機の一般的意味に，目標へ向かって動いていくという方向性持続の概念を加味したものととらえられている。つまり，行動生起の理由（＝動機）だけではなく，どのような時と場合に行動が起こり，その行動がどの方向を向いているのか，そしてそれが途中でやむことなく継続するのはなぜか，というテーマを解明するのが動機づけ理論ということになる。

また，この動機づけという言葉は，生徒のやる気の状態をさして「動機づけが高い（あるいは低い）」のように動機づけられた側の心理的状態と，教師が生徒を「動機づける」のような働きかけの2つの意味を有することも心に留めおいてほしい（新井，1991）。

9.1.2　人はなぜ行動するのか

人の行動は何によって引き起こされるのだろうか。その1つに，「～したい」という気持ちである人の内部にある欲求（need），もしくは動因（drive）がある。

私たちの抱く欲求には，「食べたい」「友だちになりたい」「教師になりたい」などさまざまなものがある。この多様な欲求を次にあげる5種類に整理し，そこに階層構造を見いだしたのがマズロー（Maslow, 1954）である（図9.1参照）。

① 生理的欲求：睡眠・飲食など生命存続のための基本的欲求。
② 安全の欲求：危険から遠ざかり安全に過ごしたいという欲求。
③ 所属と愛の欲求：家族や友人などの集団への所属と，そこでの心の交流を求める欲求。
④ 自尊の欲求：単に集団に所属するだけではなく，メンバーから尊敬され，それにより自信をもちたいという欲求。
⑤ 自己実現の欲求：自分の能力を発揮して，自分らしい人生を生きたいという欲求。

最も高い次元の欲求として位置づけられた「自己実現の欲求」は，自分らし

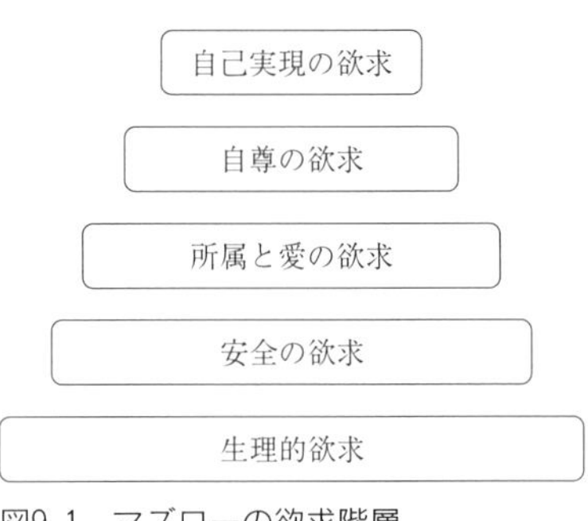

図9.1　マズローの欲求階層

い成長を志向する欲求である。マズローは，低次の欲求が満たされてはじめてその次に高い次元の欲求が出現するという順序性を想定したメカニズムを提唱したが，人間は時に自己実現のためにより低次の欲求を抑えこむことがある。自分の将来の夢を実現するために，食べたいものも我慢して危険を伴うアルバイトに励みお金を貯めるなどの行動を思い浮かべれば，この自己実現的欲求が，人間の行動を引き起こす要因として，格別の意味をもつことがわかるだろう。

人の行動を引き起こすのは，欲求だけではない。とくにお腹がすいていなくても，冷蔵庫にプリンがあったので，つい食べてしまったという経験をもつ人は多いのではないだろうか。このように，欲求のような人の内部にある要因ではなく，行動を誘発する外部要因のことを誘因（incentive）と呼んでいる。

私たち人間の行動は，欲求や動因という人の内部要因と，外部要因である誘因がからみあって引き起こされていると考えることができるだろう。

9.2 内発的動機づけ

9.2.1 外発的動機づけと内発的動機づけ

人が行動に取り組む動機には，外発的動機づけと内発的動機づけの２種類がある。外発的動機づけとは，「ごほうびがもらえるから」「誉められるから」などの報酬や賞罰など外部要因によってその行動に取り組む場合をさす。この場合の行動は，何かほかのものを獲得するための手段として機能している。

いっぽう，内発的動機づけによる行動とは，行動それ自体を目的としている。「おもしろいから」「わくわくした気持ちになるから」など，自発的な選択に基づき行動している場合である。教育現場においては，いかにして学習への内発的動機づけを喚起し，自ら学ぶ意欲を育てるかが大きな課題となっている。

9.2.2 内発的動機づけを支える知的好奇心

学習に関する内発的動機づけは，「何だろう？　なぜだろう？」という未知の情報への興味関心である知的好奇心が支えていると考えられる。

波多野・稲垣（1973）は，新しい経験や刺激を求める知的好奇心には，2種類あることを指摘している。広く浅くさまざまな情報を求める拡散的好奇心と，特定の分野に限定された情報を深く求める特殊的好奇心の2つである。拡散的好奇心は，興味や知識の範囲を拡大することに貢献する。いっぽう，特殊的好奇心は，興味や知識を深め，専門的に発展させるはたらきをもつといえる。

この2つの好奇心は，どちらが好ましいというたぐいのものではない。私たちの日常生活を振り返ってみても，1つのことについて深い知識が必要なことも数多くあるし，その知識のすばらしさに頭が下がることもある。しかし，幅広くさまざまなことに興味をもつことも，私たちの人生を豊かで刺激的なものにするうえでは大切なことだろう。また，「拡散的好奇心を出発点としてたまたまであったテーマについて深く特殊的な好奇心を抱く」というような移行も，意識はされなくとも日常的によく観察される現象だろう。指導場面においては，今，その人がどのような好奇心をもっているのか，また，どのような好奇心を育てたいのかを考えることも大切な視点となる。発見学習や仮説実験授業はこの好奇心が知識獲得に大きく寄与することを利用した方法である。

9.2.3　自己決定理論

そろそろ勉強しようかなと思っている矢先に，親から「勉強しなさい」と言われると，急にやる気がなくなってしまったという経験はないだろうか。このような現象は，自己決定理論によって説明できる。

ディシ（Deci, 1975）は，人は誰でも自分を有能であると思いたいし，また自分のことは自分で決めたいと思っていることを前提に，自分自身が自分の行動を自律的に決めて行っていると考えるかどうかという，自律性の要素を動機づけ概念に導入した。彼は，自分自身が自律的に決めて始めた行動であると考えるとその行動に対する内発的動機づけは高まり，自分以外の外的な要因によって始められたと考えると内発的動機づけが低下するという自己決定理論を提唱している。先の例で考えるならば，親から勉強を強いられている（＝外的要因）から自分は勉強するのだという認知が成立してしまうと，内発的な動機づけが低下することになり，やる気がなくなってしまうのである。

9.2.4　学習動機

教育現場において学習に対する内発的動機づけを高めることが重要課題であることに異論はあるまい。市川（2001）は，高校生を対象とする質問紙調査の結果から，以下のような６つの学習動機の存在を見いだし，それらを２つの次元からまとめる学習動機の二要因モデルを提唱している。

①　充実志向：学習それ自体が楽しく，学習していると充実感があるから。

②　訓練志向：知力をきたえるため。

③　実用志向：自分の将来の仕事や生活に役に立つから。

④　関係志向：他者につられて。

⑤　自尊志向：プライドや競争心のため。

⑥　報酬志向：外的な報酬を得るため。

この６つの学習動機を，「学習することが直接的な得になるかどうか」という「学習の功利性」と「学習内容そのものを重視しているかどうか」という「学習内容の重要性」の２つの次元からまとめたものが，図9.2である。従来，学習動機については，内発的－外発的の２つの区分によってとらえられてきたが，より詳細にとらえられることがわかる。

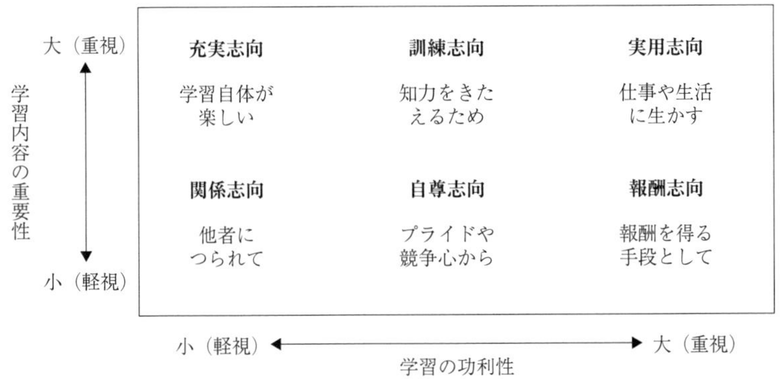

図9.2　学習動機の二要因モデル
出所：市川，2001

9.3　原因帰属と学習性無力感

9.3.1原因帰属

何か失敗したとき，私たちはなぜ失敗したのか，その原因を考えることが大切であるといわれる。このように，身の回りに生起した出来事の成否の原因について考えることを原因帰属と呼ぶ。この原因帰属は，次の課題へのやる気に大きくかかわっている。たとえば，ピアノコンクールで大失敗してしまったとき，才能の限界だと思えばピアニストへの道をあきらめる方向へ進むが，努力不足で技術的に未熟だったからと思えば，次回のコンテストに向け今後も努力を続けるだろう。

ワイナー（Weiner, 1972）は，課題達成場面における原因帰属を，その原因が個人の内にあるか外にあるかという「統制の位置」と時間がたつことによって変化する可能性があるかどうかという「安定性」の２つの次元によって整理した（表9.1参照）。その後，その原因を自分がコントロールできるかどうか，という「コントロール可能性」の次元を加えた３つの次元で考えられるようになった。そして，「内的」で「安定的」，かつ「コントロール不可能」な要因に失敗の原因を帰属してしまうと，次の課題への動機づけは著しく低下するとした。先のピアニストの例で考えるならば，「才能の限界」とは，自分の才能という「内的」帰属であり，今後時間がたっても天賦の才能が伸びることはないという意味では時間的変化が望めそうもない「安定的」帰属，そして，“天賦

表9.1　４つの原因帰属

		内 在 性（原因の位置）	
		内　的	外　的
安定性	安　定	能　力	課題の難易度
	不安定	努力，気分 体調（疲労・病気）	運

出所：Weiner（1989）をもとに筆者が作成

の” 才能という自分の努力ではいかんともしがたいものであるという意味では「コントロール不可能」な要因であり，ここに原因帰属をしてしまうと，もう先へ進めなくなってしまうのである。

9.3.2 学習性無力感

一時的にやる気がでないという気分ではなく，繰り返し失敗経験を重ねることにより，「どうせ何をやってもまた失敗するにきまっている。もう何もやる気がない」というような，経験によって獲得された無力感のことを学習性無力感という。

セリグマンら（Seligman & Maier, 1967）は，犬を３つのグループに分け，ハンモックで固定した。第１グループの犬たちは，電気ショックを与えられるが，パネルを押せば電気ショックから逃れられ，第２グループの犬たちは，電気ショックを与えられても自力ではそのショックから逃れることはできない。第３グループは統制群で，電気ショックなしの犬たちである。こうした経験をさせたあと，柵を飛び越えて隣の部屋に移動すれば床面の電気ショックから逃れられるという課題を犬たちに与える。すると，第２グループの犬たちは，電気ショックをがまんするだけで，自分から柵を越えて電気ショックから逃れようとはしなかったことが報告されている。つまり，第２グループの犬たちは，自力では電気ショックから逃れられないという経験をすることによって，「自分が何をやっても，その結果環境を変えることはできない」という諦めの心境（＝非随伴性の認知）に達してしまったと考えられる。セリグマンは，このような繰り返し失敗経験をすることによって獲得された「どうせ何をやっても変わらないから何もしない」という状態を，無力感が学習されたと考え，学習性無力感と名づけたのである。

では，やる気をなくしてしまっている人のやる気を引き出すためにはどのように働きかければよいのだろうか。次節では，やる気を喚起するはたらきかけについて考えてみよう。

9.4 やる気を引き出すはたらきかけ

9.4.1 機会を提供する

「時給が高いのでしぶしぶ始めた塾講師のアルバイトだったが，続けるうちに徐々にやりがいを感じて，将来は教師になることに決めた」という例のように，外発的動機づけによる行動が，内発的動機づけによるものに変化することがある。何かの手段であった行動が目的化し，もとの動機とは離れて独立して行動維持のために働くようになることを機能的自律と呼んでいる。とにかくやってみることが，内発的動機づけを高める契機となっているのである。

9.4.2 ごほうびを与える

やる気の喚起にごほうびが効果的であることは誰もがうなずくことであろう。たしかに，嫌な作業をやるときなどは，ごほうびがあるからこそがんばって完遂できることもある。では，ごほうびはいつも効果があるのだろうか。

レッパーら（Lepper, Greene, & Nisbett, 1973）は，お絵かきが好きな幼児を３つのグループに分け，お絵かきに取り組んだ時間を内発的動機づけの指標と考え，ごほうびが内発的動機づけに与える影響について検討した。第１のグループの子供たちは，あらかじめたくさん絵をかくとごほうびがもらえることが予告され，実際にごほうびがもらえる。第２グループの子供たちは，予告はされないが，ごほうびがもらえる。第３グループは予告もされず，実際にもごほうびなしの統制群である。この実験セッションの１～２週間後に子供たちがお絵かきに取り組む時間を検討した結果，第１グループの子供たちの取り組み時間が短くなっていることが明らかになった。ごほうびの有無が問題なのではなく，予告されることでごほうびとお絵かきが結びつき，報酬への期待が，内発的動機づけを低下させたのである。

このように，報酬が介在することによって，もともと高かった内発的動機づけが低くなってしまう現象を，アンダーマイニング効果と呼んでいる。ごほうびが必ずしも人間の内発的動機を高めることにならないのである。ごほうびの使い方にはもっと慎重になるべきなのかもしれない。

9.4.3 課題の難易度や価値を調整する

何かに取り組み成し遂げようという行動は達成行動と呼ばれ,「達成行動＝達成動機×価値×期待」という式に示されるように,達成動機の強さと行動結果の価値,成し遂げられそうかどうかの期待によって規定される。この理論は,期待—価値モデルとして知られている。

一般に,簡単すぎる課題（高期待）は達成できても価値を感じられないし,いっぽう,むずかしすぎる課題は,価値は大きいが達成できる期待は低い。価値—期待モデルによると,できるかどうか成功確率が50%の課題が達成行動は最大値となり,最もがんばり行動を引き出すことになる。やる気を引き出すうえで,課題の難易度を調整することの重要性がうかがわれる。

9.4.4 アプローチを明確にする

自分の行動の価値や重要性は認識できても,どうしたらよいのか,そのやり方がわからないと,やはり取り組もうという気持ちにはなりにくいのは人情だろう。やる気を引き出すためには,どのように取り組めばよいのかという方法・アプローチを明確にすることもまた大切である。

また,「友人からお古のゴルフセットをもらうと,せっかくもらったゴルフセットを無駄にするのももったいないので,ゴルフを始めることにした」というエピソードのように,道具そのものが動機づけの効果をもつことがあり,このことを道具の動機づけ効果と呼んでいる。

先述のように,子供たちのやる気を引き出すことは理論どおりには決していかないだろう。しかし,理論をヒントにしながら,やる気を引き出すワザの引き出しを増やしてほしい。

課　題

1.「やる気につながったほめ」と「ほめられているのにやる気につながらなかったほめ」のエピソードを思い出し,やる気と賞賛について改めて考えてみよう。
2. たび重なる失敗から無気力になっている児童・生徒にどのようなはたらきかけができるだろうか。動機づけ理論をふまえて考えてみよう。

〈より深めるための参考文献〉
波多野誼余夫・稲垣佳世子（1992）『知的好奇心』中央公論新社
市川伸一（2001）『学ぶ意欲の心理学』PHP 研究所
鹿毛雅治（2013）『学習意欲の理論：動機づけの教育心理学』金子書房
奈須正裕（2002）『やる気はどこから来るのか』北大路書房
上淵寿（2004）『動機づけ研究の最前線』北大路書書房

〈引用文献〉
新井邦二郎（1991）「やる気を起こさせる―動機づけ」高野清純監修／新井邦二郎編著『図で読む心理学 学習』福村出版，pp.31–48.
浅野志津子（2002）「学習動機が生涯学習参加に及ぼす影響とその過程」『教育心理学研究』50, 141–151
Deci, E. L.（1975）*Intrinsic motivation.* New York: Plenum Press.（安藤延男・石田梅男訳（1980）『内発的動機づけ―実験社会心理学的アプローチ』誠信書房）
波多野誼余夫・稲垣佳世子（1973）『知的好奇心』中央公論新社
市川伸一（2001）『学ぶ意欲の心理学』PHP 研究所
Lepper, M. R., Greene, D., & Nisbett, R. E.（1973）Undermining children's intrinsic interest with extrinsic rewards: A test of the overjustification hypothesis. *Journal of Personality and Social Pscyhology*, 28, 129–137.
Maslow, A. H.（1954）*Motivation and Personality*. New York: Harper
Seligman, M. E. P. & Maier, S. F.（1967）Failure to escape traumatic shock. *Journal of Experimental Psychology*, 74, Pp. 1 – 9
Weiner, B.（1972）*Theories of motivation*. Chicago: Rand McNally
Weiner, B., 林保・宮本美沙子監訳（1989）『ヒューマン・モチベーション：動機づけの心理学』金子書房

コラム　生涯学習における動機づけ

1990年代以降，公民館などにおける講座開設，大学における生涯学習センターや社会人コースの新設，E-Learning などの遠隔教育システムの整備など，社会人の学習機会が整えられつつある。

社会人学生は，一般学生に比べ，学習への動機づけや目的意識が明確であるとされ，とくに仕事に役立つ知識・技能の習得や，学位や修了証書などの学習の目に見える成果を取得することを強く意識することが指摘されている。では，生涯学習における動機づけは通常の学習の動機づけと同じなのだろうか。

生涯学習における学習動機を検討した浅野（2002）の研究では，「いろいろな人と出会えるから」「新たな友人をつくることができるから」などの「交友志向」，「視野を広げたい」「自分を高めたい」などの「自己向上志向」，「日常的に接したことに関心をもったから」「ふだん，疑問に感じたことを勉強したい」などの「経験関与的課題志向」，「なりたい職業や，資格のため」「高い専門性を身につけたい」などの「職業・専門性志向」，「なんとなく勉強している（反転）」「とくに学びたいものがある」などの「特定課題志向」の５つの観点から学習動機をとらえ，社会人学生（放送大学学生・公民館学習者）と一般大学学生を比較している。結果として，放送大学大学生は一般大学学生よりも「自己向上志向」と「特定課題志向」が高く，「交友志向」と「職業・専門性志向」は低いことが明らかになっている。放送大学学生が，自分なりの学びの課題をもちつつ自己向上のために学習している姿が浮かんでくるだろう。また，放送大学女性学習者と公民館女性学習者との比較からは，前者は後者より，「自己向上志向」と「特定課題志向」が高く，「交友志向」と「経験関与的課題志向」は低いことが示されている。公民館においては，身近な内容について定期的に集まって学習するという形態をとっていることを勘案すれば，納得のいく結果といえるだろう。この結果から，生涯学習と一口に語られるが，社会人はその学習動機に応じて学習の場を選んでいるとも考えられる。

このように，高い動機づけをもつ社会人学生だが，同時に学習について不安や戸惑い，孤独感を感じ，チューターなどの個別の学習支援者へのニーズも高いことも報告されている。成人教育の分野では，学習者の経験は豊かな学習資源であると考えられているが，今後こうした「成人性（adulthood）」を生かし，かつ，生活者だからこそ生ずる学習上の問題へも配慮した学びの提供が教育機関にはより一層求められることになるだろう。

第10章
学びを評価する：教育評価

私たちは，子供のときから何度も評価を受けてきた。学校では定期的に期末テストがあり，通知表をもらった。実技においても，水泳の進級テストなどを経験したことがあるのではないだろうか。私たちは，自分が「評価を受ける」という経験をたくさんして育ったのだから，評価を受けることにはとても慣れているといえるだろう。それに比べて，「評価をする」という経験のほうはどうだろうか。教師になったとたんに，立場がこれまでとは逆になり，子供たちを評価しなければならない。どのように評価したらよいのかととまどい，自分の受けてきた評価のやり方を，ただ繰り返そうとはしていないだろうか。そのやり方は本当にその場にふさわしいのだろうか。

この章では，子供を評価するという教師の立場になるときのために，「評価を受ける」側だけではなく，「評価をする」側も含めた多角的な視点から，評価のさまざまな方法を紹介する。「なぜ，どのような目的で」評価するのか，そして，「いつ」「誰が」「どのように」評価するのか，という順に整理してみていこう。

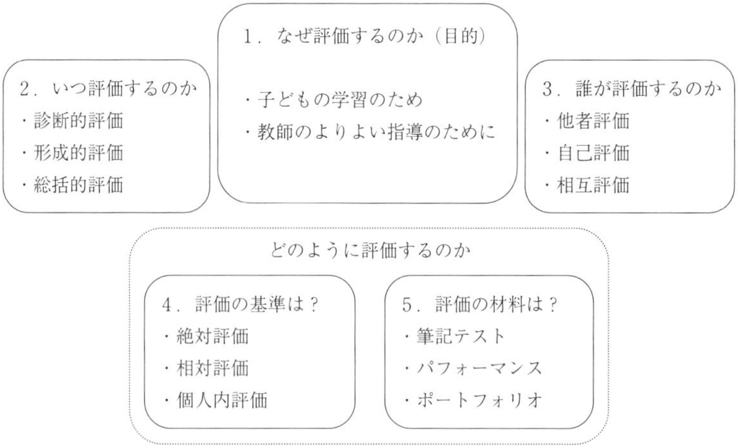

1．なぜ評価するのか（目的）
・子どもの学習のため
・教師のよりよい指導のために

2．いつ評価するのか
・診断的評価
・形成的評価
・総括的評価

3．誰が評価するのか
・他者評価
・自己評価
・相互評価

どのように評価するのか

4．評価の基準は？
・絶対評価
・相対評価
・個人内評価

5．評価の材料は？
・筆記テスト
・パフォーマンス
・ポートフォリオ

図10.1　教育評価を成立させるもの

10.1　なぜ評価するのか

教育評価とは,「教育目標に照らして, 教育の効果を調べ, 価値判断をすること」(辰野・石田・北尾, 2006, p.18) とされている。「なぜ, どのような目的で」評価を行うのかは, 評価にかかわる人のおかれている立場によって異なる。たとえば, 教師にとって必要な評価と, 子供にとって必要な評価とは異なる。

10.1.1　子供にとってなぜ必要か

子供たちにとっては, 一定期間の学習が進んだのち, その学びの評価をえることによって, 自分がどの程度の力をつけたのかを知るための評価が必要である。もし評価をまったく行わないとすると, 学習の成果を知る機会ももたないことになる。何らかのかたちの評価がフィードバックされることは, その後の学習の進め方を考えるうえでも必要なことである。

10.1.2　教師にとってなぜ必要か

評価は, 子供のためだけに行うわけではない。評価から得られる情報は, 指導を行う教師にとっても, 自分の教え方がめざしたとおりであったかどうかを知るための, 大切な情報である。得られた情報は, その後の授業に生かすことができる。評価の機会があってこそ,「教えっぱなし」という状態を避けることができる。

このように, 教育評価とは, 教師が一方的に子供の成績をつけるためだけに行うわけではない。子供が自分の到達度を省みる情報でもあり, 教師が自分の教え方を省みる情報でもある。

10.2　いつ評価するのか

つぎに, 評価はいつ行うものだろうか。時期によって, どのような意味のちがいがあるのであろうか。ブルーム (Bloom) たちは, 学習の進度に従って3種類の評価を示した (Bloom, Hastings, & Madaus, 1971)。

10.2.1　診断的評価

学習を始める前に行う評価である。診断的評価を行うことによって，教師は，子供たちがこれまでにどのくらいの学習をしているのかを把握することができる。そして，その結果をもとに，指導のスタート位置を決めることができる。診断的評価を目的としたテストで大学生にとって身近な例としては，新入生に対する語学のクラス分けのためのプレースメント・テストがある。診断的評価は，子供たちにとっても，自分の現状を認識するきっかけになるものである。

10.2.2　形成的評価

学習の途中の段階で行う評価である。形成的評価を行うことによって，子供たちは，学習の進行状況を中間段階で把握することができる。もっと基礎の部分の学習を繰り返したほうがよいとか，基礎はできたので応用に進んでよいなど，その後の学習の進め方を判断する手がかりになる。学習の目標地点を登山の頂上にたとえるとすると，山登りの最中では，本人の周りに見えるのは細い山道と背の高い木ばかりで，自分がどのあたりの位置までのぼっているのかがわりにくい。形成的評価は，その位置を教えてくれるものといえよう。

いっぽう，教師は形成的評価を行うことによって，自分の指導の進め方がそのままでよいのかどうかを振り返ることができ，その後の指導方法を考える手がかりにすることができる。

10.2.3　総括的評価

学習の終わりに行う評価である。総括的評価を行うことによって，子供たちは，目標に対してどの程度まで達したかを知ることができる。いっぽう，教師にとっては，自分の指導の効果がどの程度のものであったかがわかるのである。子供が最終的な評価をどきどきしながら待つのと同じように，教師にとっても，やはりこの最終的な評価は，緊張をもって受け止めるものとなる。

このように，どの時点の評価も，子供と教師の両方にとって意味のあるものである。3つの評価がうまく生かされてこそ，学びが充実した営みになることであろう。

10.3　誰が評価するのか

評価は誰が行うのであろうか。子供たちを評価するのは，実は教師だけの役目ではない。学校という学びの場で子供を誰が評価をするのかという視点で整理すると，次の３つの方法のいずれかが，一般によく使われている。

10.3.1　他者評価

教師が自分の指導している子供を評価する方法である。この他者評価は，学校のなかで伝統的に行われてきた方法であろう。評価の観点を定め，その観点で評価をしていくことになる。他者評価のよい点は，教育の目標をしっかり把握している立場の教師が評価するので，目標に照らした的確な評価が期待できるという点である。

10.3.2　自己評価

子供たちが，自分で自分の学習の進み具合や得られた成果を評価する方法である。自己評価のよい点は，子供たち自身が評価者という視点に立ち，少し自分と距離をおきつつ自分を眺めることになるので，自分の進歩した部分とこれからの課題を，いくらか冷静にとらえなおすことができる点である。

いっぽう，「自分に甘い」「自分に辛い」という言い回しがあるように，自分で自分を客観的に評価することは，そう簡単ではない。自己評価を用いるならば，そのときの学びの目標が，子供自身にもわかりやすい具体性をもっていることが大切であろう。

10.3.3　相互評価

一緒に学んでいる子供たちが互いに評価しあうという方法である。ピア・レイティング（peer-rating）とも呼ばれる。相互評価のよい点は，友だちどうしでお互いのよくできているところを認め合い，よいほうに刺激しあう効果が期待できる点である。とくにお互いに学びあう要素のある教科において効果が得やすいと考えられる。

自己評価と相互評価を行う場合に共通していえることは，他者評価を行うときと同じように，子供にも，評価の観点と評価基準を記した記入表をわたし，それに沿って評価を行うようにするとよいということである。そうすることによって，評価の観点が明確になり，評価のゆらぎも防ぐことができる。

なお，そのときの子供の学力や子供の性格によって，自己評価がよいか，他者評価がよいかが異なるという研究結果もある（鹿毛・並木，1990）。大切なのは状況にあったふさわしい方法を考えて選択していくことである。

10.4　どのような基準で評価するのか

評価を行うときの基準の立て方のちがいという視点から評価の方法を整理すると，次の３つの方法がある。

10.4.1　絶対評価

絶対評価は，そのときの教育目標に対して，どの程度まで到達したかという点を評価する。「目標準拠評価」とも呼ばれている。絶対評価では，他者との比較によって評価されるわけではないので，比較されることに対してナイーブな子供に好かれる方法であろう。しかし，絶対評価は，評価の基準をあらかじめはっきりさせることができてこそ，的確に判断することができるのだということを忘れてはならない。絶対評価のための評価基準をあらかじめ明確に設定することは，意外にむずかしいことである。教育目標が，たとえば「１年生相当の漢字が書けるようになる」というような，できるようになったかどうかがはっきりしていることであれば，評価基準をたてやすい。しかし，たとえば「字をきれいに書く」というような美的感覚も含んでいるような教育目標だとすると，それに対して，絶対評価のための評価基準を立てて判断することは，なかなかむずかしいことである。

10.4.2　相対評価

相対評価は，その子供が集団のなかでどの程度の位置にいるかを示すことで評価する。「集団準拠評価」とも呼ばれている。学びの結果が相対的な位置で示されることは，競争的な場面では避けられないことである。また，絶対評価を行うための目標設定がむずかしいようなことの評価を行う場合には，他者との比較によって評価を行うほうがわかりやすいとも考えられる。

ただ，相対評価の問題点は，自分の学習がある程度進んで，学習を開始した時点よりも力がついたとしても，その集団を構成する子供たちが皆同じように力をつけていれば，結局，相対評価での位置はあまり変わらないという点である。そのため，もし集団のなかで常に低い位置になってしまうと，努力が結果として目に見えるかたちにはなりにくい。そういう場合には，絶対評価のほうが学習意欲の維持につながるであろう。

相対評価で注意すべきことは，相対評価で得られる成績は，そのときに一緒に比較する子供たちがどのような集団であるかによって左右されるということである。この集団のなかでは上から10番目であっても，ほかの集団のなかに入れば2番目かもしれない。「偏差値」は，相対評価のなかで使われる指標の1つで，同じテストを受けたひとまとまりの集団のなかでの，その個人の位置を示すものである。集団が異なれば，そのなかでの位置は変わるのである。

10.4.3　個人内評価

ほかの子供との比較や，教育目標と照らし合わせることによって評価するのではなく，学びの過程にある子供自身の変化をとらえるという考え方が，個人内評価である。個人内評価には，縦断的個人内評価と横断的個人内評価の二通りがある（村山，2006）。

縦断的個人内評価とは，子供自身が，ある期間学習を行った結果，学習をはじめる前と終わった後でどのように変化したかという点について評価するものである。いっぽう，横断的個人内評価とは，その子供をいろいろな側面から評価して，得意・不得意を見いだし，その子供が自分のなかではこれが得意だという点を明らかにしようというものである。音楽よりは図工のほうが得意など，自分のなかではこれが得意だというものが誰にでもあるだろう。それをはっきりさせることによって，そのよいところがさらに伸びていくように配慮することができる。

10.5　何をもとに評価するのか

適切に評価するためには，具体的にはどのような材料を使って評価活動を行えばよいのであろうか。学校での教科の学習の評価で日常使われることの多いのは，筆記テストであろう。テストを受ける側からテストをつくる側になると，よいテストとは何かを考えなければならなくなる。ここでは，筆記式のテストに関して，もう少し詳しく説明したい（ポートフォリオ評価，パフォーマンス評価などについては，コラムを参照）。

10.5.1　テストの作成

よいテストをつくりたいならば，「目的に合ったテストにする」ことを考える。集団準拠評価を目的とするならば集団準拠テストをつくることになり，目標準拠評価を目的とするならば，目標準拠テストをつくることになる。

もし，選抜のための集団準拠テストであれば，テストの受検者の順序づけを行うためには，ある程度は難易度の高い問題項目が含まれている必要がある。また，内容がよくわかっていれば正答できるけれどもそうでないと正答できないという識別力（弁別力）のある問題項目が望ましい。いっぽう，目標準拠テストであれば，目標とするむずかしさのレベルの問題項目を用意することが大切になる。

なお，テストの問題項目の形式には，多枝選択式，穴埋め式，記述式，エッセイ形式などがある。多枝選択式や穴埋め式は，採点に採点者の主観が入らないで採点できるので，客観式テストとも呼ばれる。記述式やエッセイなどは採点に採点者の主観が入る可能性があるが，受検者の考えを深くとらえることができる。どの形式にするかも，そのときのテストの目的に合わせて考える必要がある。

10.5.2　信頼性と妥当性

つぎに，よいテストというのは，信頼性と妥当性を備えたものである。信頼性とは，もし実力が変わらなければ，そのテストを何回受けても同じ結果が出るという，結果の安定性を示す概念である。信頼性が低い場合には，実力が同じであっても，テストを受けるたびに得られる結果が異なるという事態が生じ，テストとしての実用性に乏しいものとなる。

また，妥当性というのは，測定しようとしたものを本当に測定できたかどうかを示す概念である。妥当性が低い場合には，結局，目的とは異なるものを測っていることになるので，得られた結果の意味を解釈することがむずかしくなる。

10.5.3　テストの標準化

教師が自分でつくったテストを自分の授業のクラスのなかだけで実施することはよくある。しかし，そのクラスの子供たちが，全国の同じ学年の子供たちのなかでみるとどの程度の力なのかについては，全国の子供たちと同じテストを受けなければわからない。もし，標準化の手続きがとられたテストを使うならば，そのテストを受検した個人を，全体の集団のなかでも位置づけることができる。

標準化の手続きは以下のように行う。まずテストの対象領域を定め，問題項目を多数作成する。予備テストを行って，そのなかから難易度や識別力（弁別力）の適切な項目を選び出す。選んだ問題項目を用いて，受検者として想定される母集団から得られた規準集団に対して本テストを行い，信頼性や妥当性の面で問題がなければ，得点分布や平均値，標準偏差，信頼性係数などの統計的情報と，実施方法，採点基準，得点の換算表などを載せた実施の手引き書を用意する。テストを標準化する作業は多くの手間がかかることなので，研究者などの協力をもとに行われることが多い。

なお，テストに対する理解を深めるには，日本テスト学会による指針「テスト・スタンダード」（日本テスト学会，2007）も参照するとよい。

10.5.4　評価に影響を及ぼす要因

自分では意識していないとしても，評価活動において，思わぬ要因が影響を及ぼすことがあるので，注意が必要である。評価を行うときに，教師が気をつけなければならない点をいくつかあげる。

①　ハロー効果（光背効果）

子供が何か好ましい特徴をもっていると，それに引きずられて，その特徴以外の面についても実際より高く評価してしまうことを，ハロー効果と呼ぶ。光背効果ということもある。たとえば，授業中にノートをよくとる子供に対して，普段の生活全般もすべてきちんとしているようなイメージをもつことなどが，その例である。

② 寛容効果（寛大効果）

教師が，自分が好ましく感じている子供に対して，実際よりも甘く評価をしてしまうことをさす。よくない行動をしたとしても，それに対して大目に見てしまうということから，寛大効果とも呼ぶ。

これらは，教師の意図的なものとは限らず，自分では気づかないことも少なくない。つぎに，教師の態度が子供の学習そのものに影響する例をあげる。

③ ピグマリオン効果

教師が何かの期待をもつて子供に接すると，その子供が期待に沿うように努力し変化していくということがある。たとえば，担任として受け持つ子供の引き継ぎをするときに，これまで担任だった教師から，「Ａさんはとても熱心に勉強する子だ」というような申し送りをもらうと，Ａさんに初めて会ったときから，それほど意識をしていなくても，自然と期待をかけた言葉かけをするようになり，それがまたＡさんの学習意欲をかきたてることになる，という好循環が生まれるといったケースが，その例である。

そのほかに，使用するテストによって子供たちが影響を受けるということも考えられる。

④ 天井効果

あるテストが，それを受ける子供たちにとって簡単すぎる問題ばかりで構成されている場合，その集団の誰もが満点に近い得点をとるであろう。その場合，そのテストの問題よりももっとむずかしい問題でも解ける実力をもっている子供については，その実力を正答に評価できていないことになる。テストは，単に簡単であればよいというものでもない。

評価を行うときには，このような，評価に影響を与えかねない要因があることにも気を配りつつ，適切な評価を行うにはどうしたらよいかを模索し続けていかなければならないのである。

課　題

1．集団準拠評価と目標準拠評価の違いを整理してまとめてみよう。
2．本章の理解を確認するという目的で，自分でいくつかの形式の問題項目（記述式，多枝選択式など）を作成して，自分で答えてみよう。そして，いろいろな形式の特徴について考察してみよう。

〈より深めるための参考図書〉

廣瀬英子（2002）「教育評価と教育統計」小山望編著『教育心理学—エクササイズで学ぶ発達と学習』建帛社，pp.169–186

広瀬雄彦（2006）「教育評価の考え方と実際」北尾倫彦・中島実・林龍平・広瀬雄彦・高岡昌子・伊藤美加『コンパクト教育心理学—教師になる人のために』北大路書房，pp.129–140.

高野陽太郎・岡隆編（2004）『心理学研究法—心を見つめる科学のまなざし』（有斐閣アルマ）有斐閣

〈引用文献〉

Bloom, B. S., Hastings, J. T., and Madaus, G. F.（1971）*Handbook of formative and summative evaluation of student learning.* McGraw-Hill.（梶田・渋谷・藤田編訳（1973）教育評価法ハンドブック，第一法規出版）

鹿毛雅治・並木博（1990）「児童の内発的動機づけと学習に及ぼす評価構造の効果」『教育心理学研究』38，36–45.

村山航（2006）「教育評価」鹿毛雅治編『教育心理学』朝倉書店，pp.173–194

日本テスト学会編（2007）「テスト・スタンダード—日本のテストの将来に向けて—」金子書房

辰野千壽・石田恒好・北尾倫彦監修（2006）『教育評価事典』図書文化社

コラム　パフォーマンス評価とポートフォリオ評価

筆記テストのほかにも，評価の材料として使われているものとして，パフォーマンス，ポートフォリオなどがある。

パフォーマンス評価とは，実技・実験課題や，作品づくり，ほかの子供たちの前での発表といった「パフォーマンス」を評価しようという方法である。これらはみな，筆記テストではとらえにくい側面を評価することを主眼としている。そのぶん評価もとらえにくく，あいまいになりやすい。評価を行う際には，評価の基準を，おおまかではあっても立てておくほうがよいだろう。どのような部分について具体的にどのくらい達成していればどの程度の評価にするかという評価の基準をまとめたものはルーブリックと呼ばれ，よく活用されるようになってきている。

ポートフォリオ評価というのは，長期にわたる学習プロセスのなかで子供たち自身が集めた資料やノート，メモ書き，作品などをまとめて自分のファイルに保存・収集しておき，それらをもとに総合的に評価を行い，のちの学習にいかそうとする方法である。ポートフォリオ評価には，子供の学習活動全体を総合的にみていこうという姿勢があらわれている。

筆記テストを用いて評価を行うのは１つの方法であるが，筆記テストだけではなく，このように，いろいろな材料を使って評価するというのも，また１つの意義深い方法である。

第11章 教育相談

教育相談と聞いたときに，どのようなことをイメージするだろうか。「教育相談とは，誰が，誰に対して，どのようなときに，どのようなかたちで，どのようなことをめざして行う活動なのか」について教職免許状取得をめざす大学１年次の学生に尋ねた際の典型的な回答を組み合わせると，「担当の教師が，悩んでいる児童・生徒や保護者に対して，教育相談週間や放課後に，１対１の面接で，悩みをきいたり，カウンセリングやアドバイスを行うことによって，悩みを解決する活動」であった。果たしてこのような情景描写は，教育相談のすべてなのだろうか。もしくは一部なのだろうか。そもそも，これは教育相談に該当するのだろうか。

教育相談とは，特定の者に対する（たとえば，悩みをかかえた生徒や保護者，問題をかかえた子供に対する），特定の者による（たとえば，担任教諭や教育相談担当教諭，スクールカウンセラーによる），時間や空間や方法論の限られた活動（たとえば，教育相談週間や相談室での相談活動やカウンセリング）にとどまらない指導・援助活動である。

本章では教育相談の有する各側面についてふれ，その後，学校組織を含めた観点から効果的な教育相談の進め方について述べる。

11.1 教育相談とは

11.1.1 教育相談とは何か

教育相談についてはさまざまな定義があるが，2008（平成20）年に公示された『中学校学習指導要領解説特別活動編』によれば「教育相談は，一人一人の生徒の自己実現を目指し，本人又はその保護者などに，その望ましい在り方を助言することである。その方法としては，１対１の相談活動に限定することなく，すべての教師が生徒に接するあらゆる機会をとらえ，あらゆる教育活動の実践の中に生かして，教育相談的な配慮をすることが大切である」とされている。この定義を受け，2010（平成22）年に発表された『生徒指導提要』では「教育相談は，児童生徒それぞれの発達に即して，好ましい人間関係を育て，生活によく適応させ，自己理解を深めさせ，人格の成長への援助を図るもの」とされ，さらに特定の教師だけが行う性質のものではなく，相談室だけで行われるものでもないことが述べられている。

大野（1997；2012）は，教育相談を担う教師の視点に立ち，教育相談のあらゆる側面を包括的に含み込んだ定義を以下のように提唱している。「学校教育相談（School Counseling Services by Teachers in Japan）とは，児童生徒の学習面（広く学業面を含む），進路面（針路面を含む），生活面（心理社会面および健康面）の課題や問題，論題に対して情緒面のみならず情報的・評価的・道具的にもサポートするため，実践家に共通の『軽快なフットワーク，綿密なネットワーク，そして少々のヘッドワーク』を活動のモットーに，『反省的（省察的）実践家としての教師』というアイデンティティの下で，①参加的な観察を中核とする統合的なアセスメントにより子供たちを理解してみまもり（見守る），②すべての子供が持っている創造力（クリエイティビティ）と自己回復力（レジリエンス）とにていねいにかかわり（関わる：狭義のカウンセリングのみではなく，構成的・グループ・エンカウンター等のグループ・ワークやソーシャル・スキル・トレーニング等の心理教育も含め，さらに，そうした直接的なかかわりをチームとして支える作戦会議等をいう），③早急な対応が必要な一部の子供としのぎ（凌ぐ：危機介入や論理療法等も含む初期対応等をいう），④問題等が顕在化している特定の子供をつなげ（繋げる：学校内外の機関等との作戦会議を土台とする連携・協働等をいう），⑤すべての子供がこれからの人生を豊に生き抜くために，もっと逞しく成長・発達し，社会に向かって巣立っていけるように，学校という時空間をたがやす（耕す：学校づくりのことをいう）教育相談コーディネーター教師（特別支援教育コーディネーターを包含する）を中核とするチームによる組織的系統的な指導・援助活動（支援活動）」（大野，2012）である。

この定義には，教育相談のめざすべき方向，働きかける側面，対象，場面・形態および働きかけの主体に関する記述が含まれている。以降ではそれぞれについてより詳細に述べる。

11.1.2　子供を支援する4つの側面

学校教育相談の理論化を行った大野（1998）は，学校教育相談の対象を学習面（広く学業面を含む），進路面（針路面を含む），生活面（健康面と心理社会面）の課題や問題，話題であるとしている。石隈（1999）も同様に，学校教育における心理教育的援助サービスを「子供が学校生活を通して，発達する人間として，そして児童生徒として課題に取り組む過程で出会う問題状況の解決を促進することを目的とした教育活動」とし，その実践として代表的なものが学校教育相談であると指摘したうえで，支援を行う側面として児童・生徒の学習面，心理社会面，進路面，健康面をあげている。

学習面への援助とは，子供の学習面における問題解決への援助である。心理社会面への援助とは，子供の自身とのつきあい（心理面）や他者とのつきあい（社会面）に関する問題への援助である。進路面への援助とは，「針路援助」（大野，1996，1997）をさし，進学先や就職先の決定そのものではなく，この決定の基盤になる生き方，生きる方向の選択の援助である。健康面への援助とは，子供が社会生活や積極的な行動に堪えうるよう心や身体を育てることの指導・援助であり，「健康に関する指導や相談活動」（文部省，1990）のことである。学校教育現場での健康面の援助は，養護教諭がキーパーソンとなる。

なお，１つの面への援助はほかの面へも影響する（石隈・山口，2005）。たとえば，学習面での援助（例：基礎学力の獲得）が心理社会面での援助（例：自尊心の向上）にもなる。したがって，教育相談活動を進めるうえで，この4つの側面はトータルにとらえておく必要がある。この点に関し，今西（2010）は4側面の関係性について検討し，新たな援助モデルを提起した（図11.1）。このモデルでは，健康面への援助がすべての援助

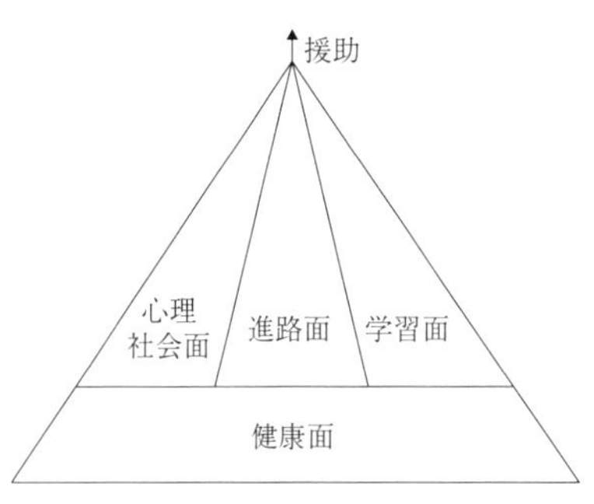

図11.1　進路面に焦点を当てた援助モデル
出所：今西，2010

の土台にあり，心理社会面と学習面の両側面からの援助が進路面の援助に相補的に働くとしている。進路面を中心に据えた本モデルは，昨今の学校教育におけるキャリア教育の重要性をふまえると，有用な視点である。

11.1.3　対象となる子供と３段階の教育相談

教育相談の対象は，すべての児童・生徒である（文部科学省，2010）。その前提のもと，教育相談は役割の観点から開発的教育相談，予防的教育相談，問題解決的（治療的）教育相談に区分することが可能であり（たとえば，下司，2006；岩田，2007），石隈（1999）も同様の観点から心理教育的援助サービスを３段階（一次的，二次的，三次的援助サービス）に区分している（図11.2）。

はじめに，すべての子供を対象とする開発的教育相談または一次的援助サービスがある。ここでは子供の発達上の課題や教育上の課題を遂行するうえでもつ援助ニーズへの対応を行う。具体的には，入学時の適応・学習支援，進路の選択支援，問題解決能力の育成，対人関係スキルの向上などがあげられる。いずれも，実施においては時期や働きかける集団の発達段階をあらかじめ把握・考慮し，計画的に取り組む必要がある。ここでのキーワードは「かかわる」（大野，1997）であり，自助資源（子供自身の力，得意なこと，興味・関心など）に注目しながら集団全体の成長をめざす。

つぎに，一部の子供（登校しぶりや学習意欲の低下，服装などの乱れで，そのままにしておくと重大な問題に発展する可能性がある子供）を対象とし，問題が大きくなることを予防する予防的教育相談または二次的援助サービスがある。ここでのキーワードは「凌ぐ」（大野，1997）であり，早期発見・対応のトリガーとなる子供からのサインの発見がポイントとなる。なお，子供が発する「無言のメッセージ」をキャッチする力のことを，諸富（2011）は微細な意

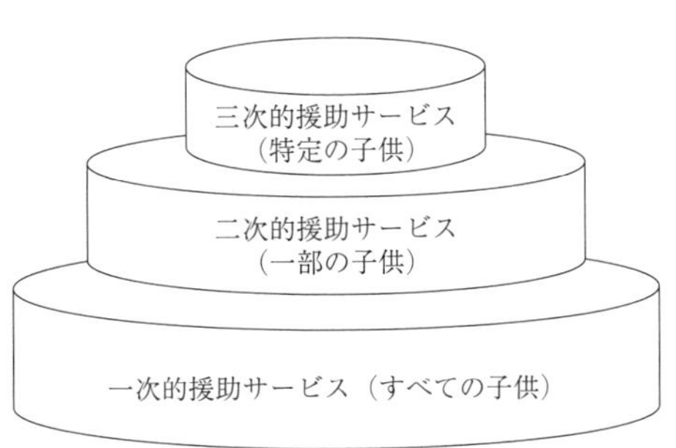

図11.2　３段階の心理教育的援助サービスとその対象

出所：石隈，1999をもとに筆者が改変

識と名づけ，教師はこの意識の動きに敏感でいる必要があると述べている。つまり，子供と接しているときに教師自身のなかに生じる「ん？…」「何かある？…」と，まだ言葉にならないちょっとした「ひっかかり」「違和感」のようなものをやり過ごさず心に留めおくことであり，参与しながらの観察の継続と，同僚との情報共有へとつなげていく。この姿勢は大野（2012）の述べる「見守る」姿勢に近い。子供たち全体に対して「見守る」姿勢を保つことは，当該集団の有する課題の発見へとつながり，開発的教育相談活動にも資する。

最後に，特定の子供（不登校，いじめ，非行傾向が強く行動が不安定などで個別的で特別な援助を必要とする子供）を対象とし，問題状況の解決をめざす問題解決的（治療的）教育相談または三次的援助サービスがある。ここでのキーワードは「繋げる」（大野，1997）であり，援助チームによる綿密なアセスメントと対応計画の立案，対応策の実行と効果測定の一連のサイクルが稼働するか否かがポイントとなる。

11.1.4　教育相談の形態

教育相談はあらゆる教育活動を通して行われるものであり，その形態には，個別相談，グループ相談，チーム相談，呼び出し相談，チャンス相談，定期相談，自発相談などがあげられる（文部科学省，2010）。ここでは，野々村（2001）を参照に，担任教師が主として行う 4 つの形態を取り上げる。

第一に，偶然の機会をとらえての相談（チャンス相談）がある。子供と接触できる日常のあらゆる機会をとらえて，随時行う相談である。たとえば，廊下や教室，登下校時の立ち話など，ちょっとした会話も該当する。そのほか，校内を見回っている際に偶然子供が泣いている場面に遭遇し，声掛けをする場合も含まれる。チャンス相談でのやり取りは，改めて時間と場所を設定した相談へとつながるきっかけになる可能性がある。微細な意識を研ぎ澄まし，些細な機会を見逃さないような態度が大切である。

第二に，呼びかけて行う相談（呼び出し相談）がある。気がかりな子供を積極的に呼び出して行う相談である。呼び出し相談には，留意点が 4 つある。それは，決して一回の相談で解決しようなどと早急にならず，信頼関係が形成されるまで根気強く相談を継続すること，また，相談に対する緊張感や嫌悪感が子供側に生じている可能性が高い点に配慮すること，さらに，ほかの子供たちがいる前で周知した場合に当該の子供に対して噂やからかいなどによる不利益が生じる場合がある点にも配慮すること，最後に，教師から呼び出すために往々にして生じがちなこととして，単なる説教で終わらないようにすることである。

第三に，定期的に行う相談（定期相談）がある。これは学校が組織的な教育相談活動の取り組みとして年間計画に組み込む相談活動であり，学年当初や学期末などの節目に，子供全員に行われる個別の相談である。定期相談を効果的なものとするためには，定期相談の目的をあらかじめ子供に伝えて，相談に臨む心の準備を促しておくことが肝要である。定期相談はある意味強制的な側面を有する一方，相談のきっかけを探していたが自分からは踏み出すことのできなかった子供にとってはチャンスになることもある。定期相談は，相談事項やかかえている問題の有無の確認に終わるのではない。開発的な観点からの働きかけを行う場としての機能も有している（たとえば，現在できていることを確認し，今後の目標を子供が考えるなど）。なお，定期相談の場は教師への信頼関係を確認できる場でもあり，子供たちとの関係を教師自身が省察する機会でもある。

第四に，自主来談による相談（自発相談）がある。これまでに取り上げた，チャンス相談，呼び出し相談，定期相談を経て，子供の心に「あの先生にならば相談できそう」という信頼感が生まれてくれば，子供自身が自発的に相談を求めてくる自発相談が始まる。教師は，継続的な相談を行うことを前提にし，子供の自発的な自己開示を待つよう心掛ける必要がある。

教育相談の形態にかかわらず，大切なことは子供側の安心感・安全感に配慮することである。他者に邪魔されない空間および相談時間の確保，教師側の話を「聴く」態度，また相談内容が第三者に不用意に広がらないといった守秘に関する事柄などが安心・安全の形成に寄与する（なお，守秘義務に関しては必要に応じ本人の了解を得たうえでほかの教師と話題を共有することもあり，命にかかわるような危険性が予測される緊急事態の場合には，守秘義務の例外事項とみなされる)。

安心・安全な場で自己開示でき話を受け止めてもらえた経験は，相談行動に対するマイナスの感情を減じることにつながる。さらに，たとえその場で問題の解決に至らなかったとしても，「誰かに相談できた（話を聴いてもらえた)」「自分に向き合えた」「先生（大人）も捨てたものではない」と感じられることで，当該の子供が再び悩みをかかえた際に「他者への相談」が対処の選択肢としてあげられる可能性を高める。つまり，ポジティブな相談経験は，子供の将来のストレス対処能力をエンパワーするのである。

11.2 教育相談の進め方とチームによる援助

11.2.1 子供を援助する 4 つの方法

石隈（1999）および大野（2012）の知見をふまえると，子供に対する援助の方法はアセスメント，カウンセリング，コンサルテーション，コーディネーションの 4 つの視点から整理することができる。

はじめに，アセスメントとは「見立て」のことであり，「解決すべき問題や課題のある事例（事象）の家族や地域，関係者等の情報から，なぜそのような状態に至ったのか，児童生徒の示す行動の背景や要因を，情報を収集して系統的に分析し，明らかにしようとするもの」（文部科学省，2010）である。アセスメントは固定的なものではなく，変動の可能性をはらむ。したがって，アセスメントとは，長期的視点を含み込む概念であり，ある時点での見立てに則って行った対応の結果や，変化する状況のなかで新たに得られた情報に応じて定期的に振り返り，検証していくものである。

つぎに，カウンセリングとは狭義には教師やスクールカウンセラーによる子供への直接的な援助的かかわりをさす。ここで，教師が行うカウンセリングとは，傾聴，共感的理解，受容を基本的な態度（文部省，1990）を主としたかかわりを意味する。すなわち，学校教育相談におけるカウンセリングとはカウンセリング的な考え方・聴き方や生徒理解を用いた活動のことである（岩田，

2007)。

つづいて，コンサルテーションとは「異なった専門性や役割を持つ者同士が，子供の問題状況について検討し，今後の援助の在り方について話し合うプロセス」（石隈，1999）と定義され，援助者へのかかわりや援助者どうしのかかわりなど，子供への間接的な援助的かかわりをさす。自らの専門性に基づきほかの専門家の子供へのかかわりを援助する側をコンサルタントと呼び，援助を受ける側をコンサルティと呼ぶ。カウンセリングとコンサルテーションの相違は，図11.3に示したとおりである。

コンサルテーションの必要性が生じる場面とは，「子供への指導・援助というコンサルティの職業上あるいは役割上の課題遂行における問題状況や危機状況が生じた時」（石隈，1999）であり，コンサルテーションの目的は，子供への援助というコンサルティの職業・役割上の課題遂行における問題解決への援助および長期的視点からみたコンサルティの援助能力の向上にある。したがって，学校現場において効果的にスクールカウンセラーやスクールソーシャルワーカーなどの外部からの専門家を活用するにあたっては，コンサルテーションの視点が有益となる。

最後にコーディネーションとは，「学校内外の援助資源を調整しながらチームを形成し，援助チームおよびシステムレベルで，援助活動を調整するプロセス」（瀬戸・石隈，2002）である。学校組織における援助チームは，学校全体の教育システムの運営に関するマネジメント委員会，恒常的に機能するコーディネーション委員会，第三に特定の児童・生徒に対して編成される個別の援助

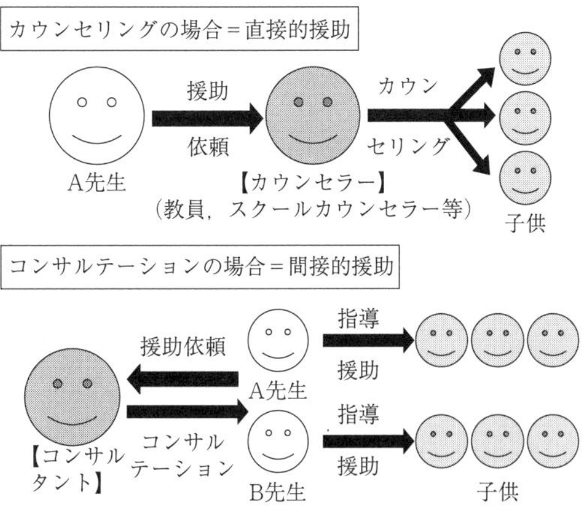

図11.3　カウンセリングとコンサルテーションの相違

チームの３段階に分けることができる。とくにコーディネーション委員会は「学年レベルおよび学校レベルで生徒の問題状況に関する情報をまとめ，学校内外の援助資源の調整・連携をし，援助サービスの充実を図る委員会」（石隈，1999）と定義され，学校組織において教育相談活動が効果的に運営されるか否かの鍵を握っている。

11.2.2　チームによる援助

文部科学省はチーム学校の理念を掲げ，2015（平成27）年12月に「チームとしての学校の在り方と今後の改善方策について（答申）」を示した。チームとしての学校は，今後の学校教育全体の方向性を示すものである。教育相談においては以前から，チームによる協働の視点を含み込む活動がなされてきていた。援助チームは先に述べたように，マネジメント委員会，援助チーム，コーディネーション委員会の３段階に区分することができる。

まず，マネジメント委員会は管理職（校長・教頭など），学年主任などによって編成される。具体的には運営委員会が相当する。その役割は，学校全体の子供に対する教育計画の決定や学校のすべての子供に対する援助的かかわりが目標に従って行われているか，学校や地域のニーズや子供の実態に応じた指導や援助が実施されているかなどを評価することである。

つぎに，個別の援助チームは，一人ひとりの子供の問題状況に応じて適宜編成，継続され，子供の問題状況の解決とともに解散されるチームである。参加メンバーは，担任教師，学年主任，養護教諭，相談員，場合によっては保護者を含む少人数で編成される。チーム援助を行う意義は，次の３点である（石隈・田村，2003）。第一に援助者一人のもっている情報だけでは十分ではないためである。複数の援助者がチームを組むことで効果的に子供の情報が集まり，整理される。その結果，子供の苦戦している状況が理解しやすくなる。第二に援助者一人が行う援助には限りがあるためである。構成員間で意見を出し合い，援助の方向性を統一することで，各自が行った「できる範囲でできること」は統合され，結果的に子供へのトータルな援助となる。第三に援助者がそれぞれ異なる方針でかかわることは苦戦している子供をさらに混乱させる危険性を有するためである。なお，チームの構成員にとっても，チーム援助のプロセスを通じて各自の援助力が高まるのみならず，構成員間の相互支援によるサポートを受ける機会にもなる。

運営委員会と個別の援助チームとの中間に位置するコーディネーション委員会は，学校の校務分掌に位置づけられている委員会を総称する概念であり，各学年の代表の教師，養護教諭，相談員などによって編成され，定期的に開催される。具体的には，教育相談部会や特別支援教育に関する校内委員会，学年会があてはまる。コーディネーション委員会は次の４つの機能を有する（家近・石隈，2003）。それは，①コンサルテーションおよび相互コンサルテーション機能，②学年，学校レベルの連絡・調整機能，③個別のチーム援助の促進機能，④管理職が加わることによるマネジメントの促進機能である。さらにコーディネーション委員会に参加することは，教師の意識に変容をもたらすことも明らかにされている（家近・石隈，2007）。変容が生じた側面とは，第一に子供への接し方（たとえば，子供の理解や子供に接するときの自分の態度についての変化）であり，第二に自己修正（たとえば，それまでの自分を振り返り，自分のやり方について自分自身で検討し修正すること）であり，第三に自信・安心（自信や安心感をもって生徒に対する指導ができるようになること）であり，第四に視点（自分のこれまでのやり方について今までとは異なる見方ができるようになること）であり，第五に仕事上の役割の明確化（学級担任や教育相談の担当教師，教師間のチームワークなど，校内の役割が明確になること）である。

ここまで述べてきたことをふまえると，チームによる援助を円滑に進めるポイントの１つは学校内のシステムづくり（３段階の援助チームの枠組みづくりと継続的な運営）にあり，もう１つはそのシステムに効果的にかかわる人づくり（教師一人ひとりの教育相談に関する意識の向上やコーディネーターとなる教師の専門性の確立と養成）にある。これは，大野（2012）の定義における「たがやす」活動に該当するものである。チーム学校の理念がますます進展していく現在，教師の養成段階から学校現場での実践にわたって，この２つのポイントは大きな課題になっている。

課　題

1．教育相談活動とは，誰が，誰に対して，どのようなときに，どのようなかたちで，どのようなことをめざして行う活動なのかについてまとめてみよう。
2．チームによる援助によって教育相談活動を進めていくことの利点および留意点についてまとめてみよう。

〈より深めるための参考図書〉

石隈利紀（1999）『学校心理学』誠信書房
文部科学省（2010）『生徒指導提要』教育図書
大野精一（1996）『学校教育相談―理論化の試み』ほんの森出版

〈引用文献〉

下司昌（2006）「教育相談の歴史と理念」仙崎武・野々村新・渡辺三枝子・菊地武剋編著『生徒指導・教育相談・進路指導』田研出版，pp.98-115
House, J. S.（1981）*Work stress and social support.* Reading; Addison-Wesley.
家近早苗・石隈利紀（2003）「中学校における援助サービスのコーディネーション委員会に関する研究―A 中学校の実践を通して」『教育心理学研究』51，230-238
家近早苗・石隈利紀（2007）「中学校のコーディネーション委員会のコンサルテーションおよび相互コンサルテーション機能の研究―参加教師の体験から」『教育心理学研究』55，82-92
今西一仁（2010）「学校心理学に関する研究の動向―学校における進路面の援助に関する研究を中心に―」『教育心理学年報』49，140-149
石隈利紀（1999）『学校心理学』誠信書房
石隈利紀（2001）「サポート上手な先生がつくる元気の出る生徒指導：学校教育サービスと学校心理学」『月刊生徒指導』4月号，誠信書房
石隈利紀・田村節子（2003）『石隈・田村式援助シートによるチーム援助入門―学校心理学・実践編』図書文化社
石隈利紀・山口豊一（2005）「心理教育的援助サービスの内容」山口豊一編／石隈利紀監修『学校心理学が変える新しい生徒指導』学事出版，pp.40-53
岩田淳子（2007）「学校教育相談の理論と方法」牟田悦子編『生徒理解・指導と教育相談』学文社，pp.63-99
文部科学省（2008）『中学校学習指導要領解説特別活動編』ぎょうせい
文部科学省（2010）『生徒指導提要』教育図書
文部科学省（2015）「チームとしての学校の在り方と今後の改善方策について（答申）」http://www.mext.go.jp/b_menu/shingi/chukyo/chukyo0/toushin/1365657.htm
文部省（1990）『学校における教育相談の考え方・進め方―中学校・高等学校編』
諸富祥彦（2011）「『気になる子』は『関わりを必要としている子』である」諸富祥彦編集『気になる子とかかわるカウンセリング』ぎょうせい，pp.2-7
野々村新（2001）「進路相談の計画と実施」吉田辰雄編『21世紀の進路指導辞典』ブレーン社，pp.106-107
大野精一（1996）『学校教育相談―理論化の試み』ほんの森出版
大野精一（1997）『学校教育相談―具体化の試み』ほんの森出版
大野精一（1998）「学校教育相談の定義について」『教育心理学年報』37，153-159

大野精一（2012）「学校心理士としてのアイデンティティを求めて―教育相談コーディネーターという視点から」『日本学校心理士会年報』 5，39-46
瀬戸美奈子・石隈利紀（2002）「高校におけるチーム援助に関するコーディネーション行動とその基盤となる能力および権限の研究―スクールカウンセラー配置校を対象として」『教育心理学研究』 50，204-214
下山晴彦編（1998）『教育心理学Ⅱ―発達と臨床援助の心理学』東京大学出版

コラム　学校教育でめざすソーシャルサポート

ソーシャルサポートとは，人がライフサイクルを乗り越えるために，その人をとりまく家族や友人などが行う支援（下山，1998）である。子供の発達や学校生活に関する問題解決をめざす心理教育的な援助は，学校教育におけるソーシャルサポートである。House（1981）は，情緒的，情報的，評価的，道具的サポートの４つに区分している。情緒的サポートとは励ましや共感など，心理面に働きかけて支えを提供することであり，情報的サポートとは問題への対処に必要な情報や知識を提供することであり，評価的サポートとは行動などに対し適切に評価・フィードバックし考えや行為を認めることであり，道具的サポートとは手伝ったりお金や物を貸すなど，問題解決のために物理的・直接的な行為を提供することである。

一人ひとりの子供において，４側面（学習面・進路面・健康面・心理社会面）すべてに４種のサポートの与え手がそれぞれ複数いることが望ましい。ただし，ある一人の与え手が複数の側面・サポートの種類に関与することもある。とくに担任教師は，すべての側面に対してすべての種類のサポートの与え手となる可能性を有している。なお，子供をサポートする際，教師は決して悩みを肩代わりせず，子供自身が悩みをかかえることができるようかかわる。これは大野（2012）の述べる「関わる」姿勢である。最終的に子供が自分で悩みを解決したと思えることをめざす。自分の力で悩みに対処できた経験は自信や自尊心，さらに将来出会うほかの悩みに対処する際の効力感にもよい影響を与えるためである。

ところで，自分の周囲に豊かなサポートの与え手がいるとの認識は，教師自身にとっても必要なことである。チーム支援においては，メンバー間でのサポートの享受・被享受が発生する支え合う関係が自然と働くシステムとなることもめざされる。

第12章 発達障害の理解

2007年4月，わが国における障害のある子供たちへの教育は，特殊教育から特別支援教育へと大きな変貌を遂げた。その背景には，自閉症スペクトラムや学習障害，注意欠陥多動性障害などのいわゆる発達障害をもつ子供たちの存在がある。通常学級においても多様な教育的ニーズをもつ子供たちがどのクラスにも在籍していることが改めて認識され，従来の特殊教育の枠組みだけでは対応しきれなくなったのである。また，障害児者とともに生きる共生社会の実現が社会的な課題として浮上したこともある。発達障害の呼び方や定義には立場による相違があるが，本章においては，文部科学省の定義を基本とする。本章では，発達障害のうち，教育現場で最も課題となることの多い自閉症スペクトラム障害・学習障害・注意欠陥多動性障害の障害特性について基礎的な理解を培い，支援の基本的態度に関する知識を獲得することを目的とする。

12.1 発達障害とは

12.1.1 法律の立場から

発達障害という言葉を耳にしたことのない人はいないだろう。法的な立場からは発達障害は，2004年に施行された発達障害者支援法第2条のなかで，下記のように定義されている。

「この法律において『発達障害』とは，自閉症，アスペルガー症候群，その他の広汎性発達障害，学習障害，注意欠陥多動性障害その他これに類する脳機能の障害であってその症状が通常低年齢において発現するものとして政令で定めるものをいう。」

発達障害は甘えやわがままでもないし，子育て方法が原因で起こるわけでもない。発達障害とは，いわゆる“発達の遅れ”とは異なり，脳機能の障害に起因する“発達の偏り”であると考えたほうが適切だろう。

12.1.2　医学の立場から

医学の立場からは，発達障害は精神障害の１つと考えられており，アメリカ精神医学会による診断基準である精神疾患の診断・統計マニュアル（Diagnostic and Statistical Manual of Mental Disorders：以下，DSM）に基づき診断が行われるのが一般的である。

DSM は，時代のなかで改訂が重ねられており，「発達障害」の扱いも版によって異なっている。2000年に改訂されたDSM-IV-TR においては，「発達障害」は，広汎性発達障害（Pervasive Developmental Disorders：PDD と略記されることも多い）として，①自閉性障害，②レット障害，③小児期崩壊性障害，④アスペルガー障害，⑤特定不能の広汎性発達障害の５つの障害がまとめて記載されている。

現在用いられているDSM-V は，2013年５月に改訂された第５版であり，神経発達症群／神経発達障害群として，①知的障害，②コミュニケーション障害，③自閉スペクトラム症，④注意欠如多動症，⑤限局的学習症，⑥運動障害，⑦他の神経発達障害のように分類されている。DSM-V においては，「典型的には発達期早期から学童期に明らかになること」「個人的，社会的，学業，職業等における支障があること」「しばしば併存症を伴うこと」などが発達障害をとらえるポイントとなっている（岡，2016）。また，前版からの大きな変化として，知的障害・自閉症スペクトラム症・注意欠如多動症が同じカテゴリーにおいてとらえられるようになったこと，およびアスペルガー障害が診断名から消失したことがあげられる（宮川，2014）。

12.1.3　教育の立場から

文部科学省（2012）の調査によれば，通常学級において「学習面又は行動面で著しい困難を示すとされた児童・生徒が6.5％在籍している。この数値は，診断名を有する児童・生徒の割合ではなく，あくまでも教師の判断であることには注意が必要ではあるが，発達上の困難をかかえながら通常学級で学ぶ児童・生徒はもはや特別な存在ではなく，どのクラスにも在籍しているという現状を示している。

これまでみてきたように立場によって定義に差異があるのは，発達障害が「見えない障害」であり，その診断と対応がむずかしいことを物語っているといえる。教育現場においては，基本的には医学的診断に基づきつつ支援実践を展開しているが，必ずしも診断名に過剰にこだわることなく，目の前の子供にとって何が学校生活上の困難となっているのか，どのような支援をすればその困難が緩和されるのかを，子供の育ちの観点から考えることが重要である。

12.2　自閉症スペクトラム障害の理解

12.2.1　自閉症スペクトラム障害とは

自閉症の概念をはじめて提唱したのは，カナー（Kanner, 1943）である。カナーは，言葉によるコミュニケーションや社会性に著しい困難を有し，特定の事物へのこだわりがみられる症例を「早期幼児自閉症」として紹介している。その後，カナーの症例ほど重くはないが，社会性に困難を有する子供たちの存在が知られるにつれ，「自閉症か否か」と二分法的なとらえ方ではなく，自閉的傾向の程度の連続体（＝スペクトラム）としてとらえたほうが適切であるとされ，自閉症スペクトラム障害（Autism Spectrum Disorder：DSM-V では自閉スペクトラム症と訳される。以下，ASD）と呼ばれるようになった。

12.2.2　自閉症スペクトラム障害の特徴

ASD の特徴は，社会性とコミュニケーションの質的障害および，著しい興味の限局と常同行動の 2 点である。こうした傾向には強弱や対象の個人差がある。社会性とコミュニケーションの質的障害の具体的な姿としては，目が合わない，問いかけへの反応がオウム返しになる，冗談が通じない，相手の気持ちを理解できないなどがあげられ，結果として対人関係の問題をかかえることが多い。興味の限局や常同行動の具体的な姿としては，キラキラと光る水面やくるくる回る天井の扇風機をじっと見つめて動かない，手をひらひらさせる動作をずっと続けるなどがある。

12.2.3　高機能の自閉症スペクトラム

ASD には知的障害を伴わない高機能タイプもある。さらに，高機能のなかでも言語発達の遅れがなく，コミュニケーションの障害がないが，社会性の課題と興味の限局・こだわりのみがあるタイプは，DSM-IV-TRでは「アスペルガー障害」に分類されていた。DSM-Vでは「アスペルガー障害」の診断名は消失したが，診断名がなくなっても同状態の子供たちが存在することには変わりはない。高機能ASDのある子供たちは通常学級に在籍していることがほとんどで，適切な理解を得られないまま学校生活においてさまざまな困難を経験していることもある。教師による正しい理解と子供たちのニーズに対する合理的な配慮が必要であることはいうまでもない。

12.3 学習障害の理解

12.3.1 学習障害とは

学習障害は，DSM-Vにおける限局的学習症（Specific Learning Disorder：特異的学習障害ともいう。以下，LD）の定義とは別に，わが国では，1999年の学習障害およびこれに類似する学習上の困難を有する児童・生徒の指導方法に関する調査研究協力者会議による「学習障害児に対する指導について（最終報告）」において次のように定義されている。

> 「学習障害とは，基本的に全般的な知的発達に遅れはないが，聞く，話す，読む，書く，計算する又は推論する能力のうち特定のものの習得と使用に著しい困難を示す様々な状態を指すものである。学習障害は，その原因として，中枢神経系に何らかの機能障害があると推定されるが，視覚障害，聴覚障害，知的障害，情緒障害などの障害や，環境的な要因が直接の原因となるものではない。」

つまり，全般的な知的発達の遅れはみられず（IQは70もしくは75以上），医学的疾患もないにもかかわらず，特定の能力の学習に大きな困難をもつ子供ということになり，勉強嫌いなどの学業不振児とは区別される。上にあげた文部科学省の定義にもあるように，原因としては，中枢神経系の機能障害の存在が考えられているが，はっきりした医学的原因はいまだに解明されていない。

12.3.2　学習障害の特徴

LDのある子供は，話し言葉に不自由しないことも多いため，幼児期には気づかれないことも少なくない。学校に入ってから，ほかのことには問題がないのに計算だけがどうしてもできない，漢字を正しく書くことができない，国語の教科書を読み上げることはできてもその意味がまったく理解できないなどの子供の様子から，教師や親が「何かおかしい」というかたちで気づくことが多いといわれる。いっぽうで，「がんばりが足りない」と叱責されることや，「ちょっと勉強が苦手なだけ」と片付けられ，適切な配慮が受けられないこともある。障害特性が友だちからからかわれる原因になることもあり，学習場面での失敗経験とも相まってLDのある子供の自信喪失や学校ぎらいを招くこともある。教師のみならず，障害に対する正しい知識を多くの人が共有することが大切な課題の１つとなるゆえんである。

現在，通常学級に５％弱ものLDのある子供が在籍することが知られている。学習障害は，学齢期だけの問題ではなく，成人してからも読むことや意味の理解に多大な労力を費やす必要があることが多い（佐藤，2005）。LDのある子供の発達と生活を支えていくために，多様な症状に応じた柔軟な指導が望まれるだろう。

12.4　注意欠陥多動性障害の理解

12.4.1　注意欠陥多動性障害とは

発達途上にある子供が，よく動き，落ち着きがないということそのものは，決して珍しいことではない。しかし，小学生が授業中でも離席して教室を歩き回り，あげくに飛び出してしまう，先生の話に一定時間注意を持続しながら聞くことができない，授業中に大きな声で先生や友だちにヤジを飛ばすなど，発達段階と照らし合わせて考えて，過度の不注意と衝動性，多動がみられる場合は，注意欠陥多動性障害（Attention-Deficit/Hyperactivity Disorder：DSM-Ⅴでは，注意欠如多動症と訳される。以下，ADHD）が疑われる。

こうした過度の落ち着きのなさについては，欧米では20世紀初頭より小児科領域ですでに取り上げられており，脳の微細な損傷やウィルス感染などが原因となって，注意の集中や行動のコントロールができなくなっていると考えられてきた（田中，2005）。ADHD には，「不注意優勢型」「多動性―衝動性優勢型」「混合型」の３つの類型が認められている。診断基準において注意すべき点は，該当項目が複数の場面で特筆すべき行動として認められることである。

12.4.2 わが国における ADHD の実態

わが国では，1990年代後半から，授業中にもかかわらず着席せず授業中教室内を歩き回る児童や，私語を慎まない児童などの存在が目立ちはじめ，授業が成り立たない，いわゆる「学級崩壊」という現象が問題視されるようになった。その原因については，教師の指導力不足や，家庭の教育力の低下など多様な議論が展開したが，それまで一般にはあまり知られていなかった ADHD のある子供たちの存在も指摘され，支援の対象として大きくクローズアップされることになったという経緯がある。

わが国における ADHD の定義としては，文部科学省（2003）が次のように提唱している。

「ADHD とは，年齢あるいは発達に不釣り合いな注意力，及び／又は衝動性，多動性を特徴とする行動の障害で，社会的な活動や学業の機能に支障をきたすものである。また，７歳以前に現れ，その状態が継続し，中枢神経系に何らかの要因による機能不全があると推定される。」

実際の ADHD の診断については，上記の教育的定義よりも，DSM-V を判断基準として小児科医によって診断がなされることが多い。

ADHD の有病率（発生率）は，学童期の子供の３～10％と高く，男女比は５：１と圧倒的に男子に多いことも指摘されている（田中，2005）。ADHD の原因については，LD 同様はっきりとは解明されていないが，中枢神経系の生化学的バランスの崩れが関連していることは見いだされており（岡内・高砂，1998），神経伝達を整えることを目的とするコンサータやストラテラなどを用いた薬物療法と，環境調整・行動療法を併せて治療が行われる（広瀬，2016）。両薬物の有効率は80～90％といわれるが，薬物が ADHD の万能薬ではないことには注意が必要である。安直に特定の薬物のみに頼るという対応ではなく，日常的な行動面・心理面双方においてサポートしていく姿勢が周囲には求められるだろう。

12.5 発達障害のある子供への支援の基本

定型発達とは異なる道筋で発達していく発達障害のある子供たちへの適切な支援とは，どのようなものだろうか。感情的に叱らないこと，指示を出すときは一度に１つずつかつ具体的にどうすればよいかをはっきり伝えること，理解を促すために適宜絵カードを活用するなどが一般的な留意点とされている。しかし，発達障害のある子供の状態はきわめて多様であり，複数の発達障害を併せもつことも多い。生活場面におけるどの場面で困難を感じているのかも子供によって異なっているし，学校生活上のつまずきも個々それぞれである。どの子供にも有効な一般的な指導法を確立することはむずかしい。個々の子供の発達の状態と障害特性，つまずきについての正確なアセスメントに基づき，目の前の子供を理解することから始め，その子供に必要な配慮や援助を個別に考えていくことが肝要である。

発達障害のある子供は学校生活のなかで失敗経験を積み重ねることが多く，二次障害としていじめや不登校という問題をかかえることも多い。そうした二次障害を予防するためにも，学校や人とのかかわりを嫌にならないよう，教師は忍耐強く丁寧なかかわりを続けなくてはならないだろう。

課　題

1. 自閉症スペクトラム障害と学習障害，注意欠陥多動性障害の障害特性をまとめて，簡潔に説明してみよう。
2. 「教室でじっと座って授業を受けることがむずかしく，突然自分の関心のある分野のことをとうとうと話しつづける子供」に対して，教師としてどのような対応が適切だろうか。考えをまとめてみよう。

〈より深めるための参考図書〉

平岩幹男編（2016）『データで読み解く発達障害』中山書店

国立特別支援教育総合研究所（2015）『特別支援教育の基礎・基本』（新訂版）ジアース教育社

上原芳枝（2011）『発達障害サポートマニュアル』PHP 研究所

〈引用文献〉

広瀬宏之（2016）「ADHD」平岩幹男編『データで読み解く発達障害』中山書店，pp.191–194

Kanner, L.（1943）. Autistic disturbances of affective contact. *Nervous Child,* 2，217–250

宮川充司（2016）「アメリカ精神医学会の改訂診断基準 DSM–5：神経発達障害と知的障害，自閉症スペクトラム障害」『椙山女学園大学教育学部紀要』 7，65–78

文部科学省（2003）「今後の特別支援教育の在り方について（最終報告）」

文部科学省（2012）「通常の学級に在籍する発達障害の可能性のある特別な教育的支援を必要とする児童生徒に関する調査結果」

文部科学省：特別支援教育の在り方に関する調査研究協力者会議（2003）「今後の特別支援教育の在り方について（最終報告）」

文部省学習障害およびこれに類似する学習上の困難を有する児童生徒の指導方法に関する調査研究協力者会議（1999）「学習障害児に対する指導について（報告）」文部省

岡明（2016）「発達障害とは」平岩編同上書，pp. 2 – 5

岡内隆・高砂美樹（1998）「注意欠陥多動性障害の動物モデル」『脳の科学』20，177–183

佐藤克敏（2005）「LD（学習障害）の特性と理解」『教職研修 9 月号増刊』教育開発研究所

田中康雄（2005）「ADHD（注意欠陥／多動性障害）の特性と理解」同上誌

谷口明子（2004）「入院児の不安の構造と類型：病弱養護学校児童・生徒を対象として」『特殊教育学研究』42（5），85–96

谷口明子（2009）『長期入院児の心理と教育的援助―院内学級のフィールドワーク』東京大学出版会

コラム　病弱児の理解と支援

発達障害ではないが，取り上げられることの少ない健康障害のある子供たちについても理解しておこう。病気で入院中の子供たちは，疾患の予後や治療に伴う容姿の変容，生活環境の変化などに起因する不安を抱きながら病と闘っているといわれ，その不安が治療効果への悪影響のみならず，退院後さえあとを引いてしまうような発達的問題を残してしまうことも懸念されている。援助者たちは，入院中の子供たちの不安をどのように理解し，援助すればよいのかという問題に直面しているが，入院児のプライバシーの問題や不安定な心理状態への配慮からか，関連する研究は多くはない。こうしたなか，谷口（2004）は，入院児の不安が次の5つの下位構造を有することを明らかにした。

①将来への不安：仕事や結婚など自分の将来や退院後の生活への不安
②孤独感：本来の生活環境から切り離されて感じる孤独な気持ち
③治療恐怖：検査や治療への嫌悪感と恐怖心
④入院生活不適応感：入院生活に関する不満や不適応感
⑤とり残される焦り：友だちの勉強や話題についていけなくなるのではないかとの焦り

「入院児の不安」と一口にいっても，さまざまな想いを抱きながら子供たちが日々を送っていることがうかがわれる。では，このような不安を抱きつつ生活している子供たちに対して，教育の立場からどのような援助ができるのだろうか。入院中の子供たちへの教育は，病弱・身体虚弱教育（通常，病弱教育と略される）として，教育行政上は，特別支援教育に区分される。近年の小児医療におけるQOL意識の高揚や治癒率の向上から，入院中の子供たちへの学校教育の意義に関する社会的認知は進んでいる。しかし，その教育の立場からの支援実践をどのように組み立てるのかについては，いまだにはっきりした指針は得られていない。谷口（2009）は，ある1つの院内学級におけるフィールドワークにより，入院児への教育が通常の教育の範囲を超え，多様な援助実践の特徴を併せもっていること，また，入院児を囲む援助資源のあいだをつなぎ，サポートネットワーク構築に教育が大きく貢献していることを見いだしている。単に勉強を教える存在というだけではなく，入院児の生活全体を支える援助者として，教師たちは大きな役割を担っているのである。

第13章 特別な教育的ニーズのある子供たちへの支援

2007年度より障害のある子供の教育は，特殊教育から特別支援教育へと転換した。特別支援教育は，障害のある子供一人ひとりの教育的ニーズに対応するため，特別支援学校や特別支援学級のみならず，幼稚園，小学校，中学校，高等学校などにおいても行われている。したがって，特別支援教育の制度下では，障害のある子供はさまざまな場所（学校や学級）で教育を受け，そこでは多様な教育課程が編成されている。いっぽう，2006（平成18）年に国連において「障害者の権利に関する条約」が採択されるなど，欧米諸国では，地域社会ですべての子供が学ぶインクルーシブ教育がスタンダードな教育システムとなっている。日本は2014（平成26）年に「障害者の権利に関する条約」を批准するとともに，それ以前から「共生社会の形成に向けたインクルーシブ教育システム構築のための特別支援教育の推進（報告）」（2012年７月23日）をまとめるなど，「インクルーシブ教育システム」の構築が取り組まれている。また，学校に通う障害のある子供の暮らしは，教育分野のみならず福祉分野においても支援されており，放課後等デイサービス，入所型・通所型のサービスなどがある。本章では特別な教育的ニーズのある子供たちへの教育と福祉についてみていく。

13.1　障害のある子供たちへの教育

13.1.1　特別支援教育の全体像

障害のある子供たちの教育を，日本では特別支援教育という。特別支援教育は2007年度から始まった教育制度で，それ以前の制度は特殊教育と呼ばれていた（特殊教育は，1947年の学校教育法制定から2006年度まで）。

特別支援教育が行われている場所は図13.1のように，①特別支援学校，②幼稚園・小学校・中学校・高等学校等（以下，幼稚園・小・中・高等学校等）の大きく２つに分けられる。さらに，図の左側をみると幼稚園・小・中・高等学校等では，通常の学級，通級による指導，特別支援学級の３つの場所で特別支援

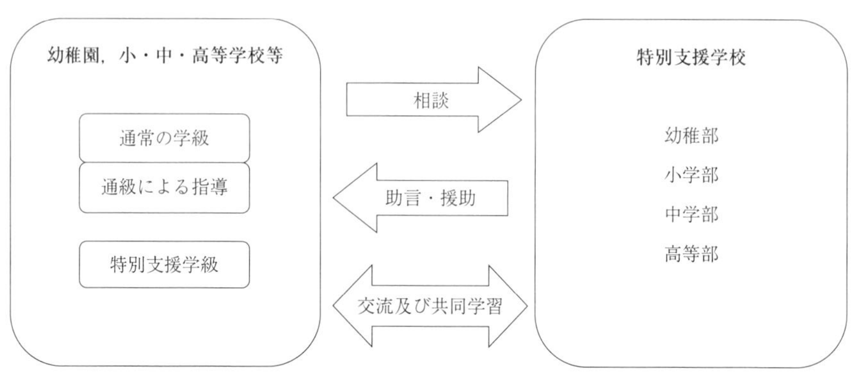

図13.1　特別支援教育が行われる場所
出所：『特別支援教育』パンフレットをもとに著者が作成

教育が行われている。したがって，特別支援教育が行われる場所は，障害のある子供が在籍している学校や学級となる。また，学級編成（1クラスの子供の数）は公立の特別支援学校小学部・中学部では6人（重複障害の場合には3人），高等部が8人（重複障害の場合には3人），公立の特別支援学級は8人となっており，少人数になっている。

なお，図の右側の特別支援学校では，幼稚部，小学部，中学部，高等部といった複数の学部を設置することができ，年齢に応じた学部で障害のある子供が学んでいる（学校教育法第76条）。したがって特別支援学校の場合には，特別支援学校小学校ではなく特別支援学校小学部となることに注意したい。なお，幼稚部のみ，あるいは高等部のみの特別支援学校も設置できる。

つぎに，図の矢印に注目してみよう。左から相談の矢印が，右から助言・援助の矢印が出ているが，これは，特別支援学校のセンター的機能（学校教育法第74条）を示している。特別支援学校のセンター的機能とは，特別支援教育コーディネーターなどと呼ばれる特別支援学校の教員が，障害児教育などの専門性を活かして，地域の小・中・高等学校等に助言や援助を行うことで，幼稚園・小・中・高等学校等は障害のある子供の教育や支援について特別支援学校に相談することができる。この特別支援学校のセンター的機能は特別支援教育で設けられたシステムで特別支援教育の特徴の1つでもある。

また，図には交流及び共同学習と書かれた双方向の矢印もある。交流及び共同学習とは，障害のある子供と障害のない子供がともに学ぶことで，小学校・中学校・高等学校学習指導要領，特別支援学校学習指導要領に明記されているだけでなく，障害者基本法の第16条にも明記され，交流及び共同学習は国が進める「共生社会」（人々の多様なあり方を相互に認め合える全員参加型の社会）を具現化する１つでもある。なお，共生社会に関する具体的な施策は，内閣府のホームページで確認することができる。

13.1.2　インクルーシブ教育システム構築のための特別支援教育

2012（平成24）年７月23日「共生社会の形成に向けたインクルーシブ教育システム構築のための特別支援教育の推進（報告）」がまとめられた。インクルーシブ教育とは，欧米諸国でスタンダードな教育システムで，対象とする子供を障害の有無でとらえるのではなく，特別な教育的支援を必要とする子供を対象とする教育システムである。同時にインクルーシブな社会の下，すべての子供が同じ場所（地域社会）で学ぶ教育システムでもある。

日本においても，「インクルーシブ教育システム」を構築するため，特別支援教育の制度を推進するための取り組みが行われているが，日本がインクルーシブ教育のシステムを構築する背景の１つには，2014（平成26）年に日本が批准した国連の「障害者の権利に関する条約（Convention on the Rights of Persons with Disabilities)」がある（国連では2006年採択)。とりわけ，「障害者の権利に関する条約」の第24条「教育を受ける権利」ではインクルーシブ教育が明記されており，日本は2007（平成19）年に署名以降，国内法の整備を進めてきた。たとえば，後述する就学先の決定，高等学校における通級による指導の制度化への着手，そして障害者差別解消法の施行などがある。また，「障害者の権利に関する条約」には，障害のある子供が十分に教育を受けることができるよう，「合理的配慮」という考え方がある。日本では基礎的な環境整備（「基礎的環境整備」と呼ぶ）を整備し，障害のある子供一人ひとりに応じた合理的配慮が進められている。この合理的配慮という概念は日本においては新しい概念であるが，合理的配慮の事例が検索できる「インクル DB」（インクルーシブ教育構築データベース）が，国立特別支援教育総合所のサイトに設けられている。

13.2　特別支援教育が対象とする子供と就学先の決定

障害のある子供は，どのようにして学校あるいは学級を選択しているのだろうか。学校，学級が対象とする障害の種別や程度を整理し，学校あるいは学級を決めるまでの経緯，すなわち就学先の決定についてみてみよう。

13.2.1　特別支援学校で学ぶ子供

まず，特別支援学校の対象は学校教育法第72条に示されており，その障害は，①視覚障害，②聴覚障害，③知的障害，④肢体不自由，⑤病弱・身体虚弱の５つである。さらに，学校教育法施行令第22条の３で，特別支援学校に入学可能な障害の程度を示している。

特別支援学校が対象とする障害種は，上記５つの障害であるが，各特別支援学校が対象とする障害を示すことになっている（学校教育法第73条）。つまり，１つの障害（単一の障害という）を対象にした特別支援学校もあれば，２つ以上の複数の障害を対象にした特別支援学校もある。特別支援教育より前の特殊教育の制度下では，盲学校，聾学校，養護学校（知的障害，肢体不自由，病弱・身体虚弱）というように各学校が単一の障害種を対象にしていた。そのため特別支援教育に転換後，複数の障害種を対象にすることが可能になった。

では，どのような障害種の特別支援学校が多いのであろうか。文部科学省が作成した2015年度の「特別支援教育資料」をみてみると，全国の特別支援学校の総計は1114校，在籍児童生徒数の総計は13万7894人である。そのうち単一の障害を対象とする特別支援学校は874校，複数の障害種を対象とする特別支援学校は240校で，単一の障害を対象にした特別支援学校が多い。単一の障害を対象にした特別支援学校では知的障害が最も多く（532学校，在籍児童生徒数７万7789人），複数の障害を対象にした特別支援学校では，知的障害と肢体不自由（142学校，在籍児童生徒数２万5061人）が最も多い。

13.2.2　特別支援学級と通級による指導で学ぶ子供

特別支援学級は，知的障害，肢体不自由，身体虚弱，弱視，難聴，そのほかの障害のある子供を対象に小学校，中学校，高等学校，中等教育学校に設置することができる（学校教育法第81条２項）。さらに障害の程度は通知で詳しく示されており，その障害は，①知的障害，②肢体不自由，③病弱・身体虚弱，④弱視，⑤難聴，⑥言語障害，⑦自閉症・情緒障害の７つである（「障害のある児童生徒等に対する早期から一貫した支援について（通知）」25文科初第756号）。

なお，前述の学校教育法第81条２項では，特別支援学級が高等学校においても設置できると明記されているが，高等学校の学習指導要領に特別支援学級の規定が設けられていないため基本的には特別支援学級の設置はむずかしい。また，2015年度の「特別支援教育資料」によると，中等教育学校にも特別支援学級は設けられていないため，現状では特別支援学級は小学校と中学校に設けられていると考えてよいだろう。では，どの障害種別を対象にした特別支援学級が多いのであろうか。2015年度の「特別支援教育資料」をみると，小学校・中学校に設置された特別支援学級の総計は５万4586学級で，障害種では知的障害が46.6％（２万5432学級）と最も多く，次に自閉症・情緒障害が41.2％（２万2491学級）となっている。

通級による指導は，小学校・中学校・中等教育学校の子供を対象に，言語障害，自閉症，情緒障害，弱視，難聴，学習障害，注意欠陥多動性障害，その他の障害を対象としている（学校教育法施行規則第140条・141条）。障害の程度は，特別支援学級と同じく通知（25文科初第756号）に示されており，①言語障害，②自閉症，③情緒障害，④弱視，⑤難聴，⑥学習障害，⑦注意欠陥多動性障害，⑧肢体不自由，⑨病弱・身体虚弱の９つの障害である。

通級による指導を受ける子供は，ほとんどの授業を通常の学級で学び，障害に応じて通級による指導を受ける。通級による指導を受ける場所や教室は一般に「通級指導教室」と呼ばれることが多い。

2015年度の「特別支援教育資料」をみると，通級による指導を受けている子供の障害種別（公立学校のみ）では，言語障害が39.1％（３万5337人）と最も多く，続いて注意欠陥多動性障害の16.2％（１万4609人）が多い。

なお，通級による指導に関して，2016（平成28）年３月31日，高等学校における特別支援教育の推進に関する調査研究協力者会議の報告書,「高等学校における通級による指導の制度化及び充実方策について」がまとめられた。先述のように,高等学校において,通級による指導は制度化されていない。同報告書では,中学校において通級による指導を受けてきた子供は,高等学校では通常の授業の範囲内で配慮を受けるか,高等学校が設定した教科の科目での対応によって学んでいることを指摘しており,今後は,2016年度より制度設計を進め,2018年度より高等学校においても通級による指導が実施される予定である。

13. 2. 3　障害のある子供の就学先の決定

障害のある子供たちは,どのようにして就学先(入学する学校や学級)を決めているのだろうか。学校教育法施行令第5条では,学校教育法施行令第22条の3に該当する視覚障害,聴覚障害,知的障害,肢体不自由,病弱・身体虚弱の子供で,特別支援学校に就学する子供を「認定特別支援学校就学者」としている。これは,2013(平成25)年8月の学校教育法施行令の一部改正後の就学先決定の仕組みである。

現行法では市町村の教育委員会が個々の児童・生徒の障害の状態をふまえ,本人・保護者の意見,専門家の意見などの総合的な観点から就学先を決定することになっており,障害のある子供一人ひとりの教育的なニーズに応じて就学先が選択されるようになっている。

では,障害のある子供はどこで学んでいるのだろうか。2015年度の「特別支援教育資料」によれば,義務教育段階(小学校・中学校)の子供のなかで,特別支援学校で学ぶ子供は0.7%(6万9933人),特別支援学級は2.0%(20万1493人),通級による指導を受けている子供は0.9%(9万270人)で,義務教育段階では,特別支援学級で学ぶ子供が最も多い。さらに幼児児童生徒全体(幼稚園・小学校・中学校・高等学校)の子供のなかで,特別支援学校で学んでいる子供は0.9%(13万7894人),特別支援学級は1.3%(20万1493人),通級による指導は0.6%(9万270人)である。ここでもまた,特別支援学級で学ぶ子供が多い。なお,幼児児童生徒全体(1518万1228人)のうち,特別支援教育を受けている子供は2.8%（42万9657人）となっている。

13.3　障害のある子供たちの教育課程

障害のある子供たちは学校や学級で何を学んでいるのだろうか。また，教師は何を教えるのだろうか。日本では法規や学習指導要領に基づいて，教育課程（子供が学ぶ教科や領域など）がつくられ，これを教育課程の編成という。

13.3.1　さまざまな教育的ニーズに対応した特別支援学校の教育課程

学校教育法第72条において，特別支援学校の目的は，「幼稚園，小学校，中学校又は高等学校に準ずる教育を施すとともに」と明記されている。ここで注目したいのは，「準ずる」という言葉である。この言葉はより下のという意味ではなく，等しい，同等という意味である。つまり，特別支援学校では，幼稚園，小・中・高等学校と基本的に同じ教育目標で教育が行われることを示しているのである。ただし，障害のある子供たちは，一人ひとり障害の状態やニーズに応じて教育的ニーズが異なる。そのため，学校教育法第72条の後段では，「障害による学習上又は生活上の困難を克服し自立を図るために必要な知識技能を授けることを目的とする」と明記している。これを具体化するための教育課程が「自立活動」と呼ばれる領域で，特別支援学校の特徴的な教育課程である。たとえば，視覚障害を対象にした特別支援学校では，自立活動において白杖を使った歩行訓練などが行われる。

自立活動の内容は，①健康の保持，②心理的な安定，③人間関係の形成，④環境の把握，⑤身体の動き，⑥コミュニケーションの6区分に分けられており（さらに，各区分には3～5項目が設けられている），子供の状態や実態を把握し作成された「個別の指導計画」に基づいて指導が行われる（「個別の指導計画」については後述する）。

特別支援学校の子供たちのための教育課程は，幼稚部，小学部，中学部，高等学部ごとに編成されている（学校教育法施行規則第126条は特別支援学校小学部，127条は特別支援学校中学部，128条は特別支援学校高等部，129条は特別支援学校幼稚部の教育課程が示されている）。なお，特別支援学校学習指導要領において知的障害がある子供が学ぶ各教科の内容は，学年ごとではなく段階ごとに示されている。段階は，小学部は１～３段階，中学部は１段階，高等部は１～２段階になっており，各教科の段階がどのようになっているかについて，ぜひ，特別支援学校学習指導要領を手にとって確認してほしい。また，今後の方針として，連続性のある「多様な学びの場」を確保するため幼稚園，小・中学校，高等学校，特別支援学校との間で教育課程が円滑に接続できるよう改善，充実することが指摘されており，今後の動向に留意したい。

また，特別支援学校で学ぶ子供たちの障害はさまざまで，２つ以上の障害がある（重複障害という）子供もいる。そのため「教育課程編成の特例」（学校教育法施行規則）と，「重複障害等に関する教育課程の取り扱い」（学習指導要領）が設けられている。

「教育課程編成の特例」は，各教科の全部または一部を合わせて授業を行う「合科授業」（学校教育法施行規則第130条１項）と，知的障害または複数の障害を合わせもつ子供を対象にし，各教科，特別の教科である道徳，外国語活動，特別活動および自立活動の全部または一部について合わせて授業を行う「領域・教科を合わせた指導」（学校教育法施行規則130条２項）がある。とくに，知的障害を対象に行われる後者の「領域・教科を合わせた指導」では，「日常生活の指導」「遊びの指導（小学部）」「生活単元学習」「作業学習」の４つが代表的で指導の内容については学習指導要領の解説に書かれているが，たとえば日常生活の指導は，基本的生活習慣等の習得をめざし，朝の会や帰りの会で行われることが一般的である。

いっぽう，「重複障害者等に関する教育課程の取扱い」とは，知的障害を併せ有する重複障害の場合には，特別支援学校（視覚障害，聴覚障害，肢体不自由，病弱・身体虚弱）の各教科や各教科の目標・内容の一部を知的障害のそれらに替える教育課程や，重複障害のうち，障害の状態によりとくに必要がある場合には，各教科，特別の教科である道徳，外国語活動，特別活動の目標・内容の一部または各教科，外国語活動，総合的な学習の時間に替えて，自立活動を主とする教育課程など，そのほかにも学習指導要領には，重複障害のある子供に対する者教育課程の取り扱いが明記されている。

13.3.2　特別支援学級と通級による指導で学ぶ子供のための教育課程

特別支援学級の教育課程は，小・中学校の目的，教育目標を達成することはもちろんだが，子供の障害を考慮して「自立活動」を取り入れ，各教科の目標・内容を下学年と替えるなど子供の実態にあった教育課程を編成する（学校教育法施行規則第138条）。したがって，特別支援学級において上記のような特別の教育課程を編成する場合には，特別支援学校小学部・中学部の学習指導要領を参考にする。

通級による指導の教育課程は，小・中学校の教育課程の規定にかかわらず，特別の教育課程を編成することができる（学校教育法施行規則第140条）。子供の障害の状態に応じた自立活動の指導を行うことが原則である。また，自立活動のほかに，必要がある子供に対しては各教科の補充指導も行うが，この補充指導とは，学習の遅れを補充するのではなく，障害の状態に応じた指導であることに留意したい。子供の障害の状態に応じた指導を行うという通級による指導の基本的な考え方は，2018年度より実施予定の高等学校における通級による指導においても同様の予定である（「高等学校における通級による指導の制度化及び充実方策」）。

13.3.3　幼稚園・小・中・高等学校等における障害のある子供の教育

前項で述べたように特別支援学級，通級による指導では子供の障害の状態に応じた教育課程が編成されている。だが，特別支援学級と通級による指導が設置されている幼稚園，小・中・高等学校等が主体的に参加する教育的支援は欠かせない。そのため，幼稚園・小・中・高等学校等では個々の児童の障害の状態等に応じた指導内容や指導方法の工夫が「計画的，組織的」に行われている（幼稚園教育要領，小学校・中学校・高等学校学習指導要領）。計画的に行うため，①単元や学期，学年ごとに子供の教育的ニーズを計画する「個別の指導計画」と，②幼児期から学校卒業後までの一貫した教育的支援を行うために作成する「個別の教育支援計画」が教師によって作成されている（特別支援学校においても「個別の指導計画」と「個別の教育支援計画」は作成）。

また，組織的に障害のある子供を支援するため，校長がリーダーシップをとって，教頭，学級担任，特別支援教育コーディネーターらが集まり，障害のある子供の状態を把握し，学校全体で教育的支援を行う校内委員会が設置されている。

13.4　学校に通う障害のある子供の暮らしを支える支援

障害のある子供への支援は，教育分野のみならず福祉分野においても行われている。福祉分野には多様な福祉サービスがあるが，特別支援学校（小学部～高等部），小・中・高等学校に通う障害のある子供の放課後，休日，夏休みなどの長期休暇を支援する福祉サービスとして，「放課後等デイサービス」がある（児童福祉法第6条2の2第4項，幼稚園，大学生は除く）。この「放課後等デイサービス」では，放課後の居場所づくりや障害のある子供の自立を促進する支援が行われているが（「障害者福祉サービスの利用について平成27年4月版」），支援内容は多種多様なため，2015（平成27）年4月に「放課後等デイサービスガイドライン」によって基本事項が確認された。障害のある子供たちは，「放課後等デイサービス」を行う事業所の送迎などを利用して，放課後や休日に事業所でサービスを受ける。

また，学校に通う障害のある子供の家族が病気やそのほかの理由で，障害のある子供と自宅などで暮らすことが困難な場合には，施設での入所支援を利用する。施設での入所支援は，障害児入所施設で行われ，福祉型と医療型の2種類の障害児入所施設が設けられている（児童福祉法第42条）。後者の医療型障害児入所施設では医療が提供されるため重い障害があり医療的ケアを必要とする重症心身障害児などが利用する。さらに，地域で生活する障害児やその家族が相談などで利用する児童発達支援センターもある（児童福祉法第43条）。障害児入所施設と同様に，福祉型の児童発達支援センターと医療型の児童発達支援センターがあり，多様な障害に対応している。

課　題

1．視覚障害，聴覚障害，知的障害，肢体不自由，病弱・身体虚弱の５つの障害から１つの障害を選び，その障害を対象とした教育課程をまとめてみよう。

2．日本の特別支援教育制度下で，「インクルーシブ教育システム」を構築するためには，いかなる課題があるだろうか。

〈より深めるための参考図書〉

中村満紀男・前川久男・四日市章編著（2009）『理解と支援の特別支援教育』コレール社

〈引用文献〉

文部科学省（2009）『特別支援学校学習指導要領解説総則等編（幼稚部・小学部・中学部）』

文部科学省（2009）『特別支援学校学習指導要領解説総則等編（高等部）』

文部科学省（2009）『特別支援学校学習指導要領解説自立活動編』

高野聡子（2012）「特別支援学校の種類と特徴」松矢勝宏・宮崎英憲・高野聡子編著『特別支援学校教師になるには』ぺりかん社，pp.46-55

高野聡子（2014）「第１章特別支援教育とは」聖徳大学特別支援教育研究室編『改訂版　一人ひとりのニーズに応える保育と教育―みんなで進める特別支援』聖徳大学出版会，pp. 2 -18

〈引用 URL（最終閲覧日2016年９月28日）〉

中央教育審議会初等中等教育分科会特別支援教育部会教育課程部会特殊教育部会（2016）「特殊教育部会における審議の取りまとめ」http://www.mext.go.jp/b_menu/shingi/chukyo/chukyo3/063/sonota/1377132.htm

独立行政法人国立特別支援教育総合研究所「インクル DB」（インクルーシブ教育構築データベース）http://inclusive.nise.go.jp/

文部科学省初等中等教育局長（2013）「障害のある児童生徒等に対する早期から一貫した支援について（通知）」25文科初第756号　http://www.mext.go.jp/a_menu/shotou/tokubetu/material/1340331.htm

文部科学省初等中等教育局特別支援課『特別支援教育』パンフレット http://www.mext.go.jp/a_menu/shotou/tokubetu/main/004.htm

文部科学省初等中等教育局特別支援教育課（2012）「共生社会の形成に向けたインクルーシブ教育システム構築のための特別支援教育の推進（報告）」http://www.mext.go.jp/b_menu/shingi/chukyo/chukyo3/044/houkoku/1321667.htm

文部科学省初等中等教育局特別支援教育課（2013）「教育支援資料―障害のある子供の就学手続きと早期からの一貫した支援の充実」http://www.mext.go.jp/a_menu/shotou/tokubetu/material/1340250.htm

文部科学省初等中等教育局特別支援教育課（2016）「特別支援教育資料平成27年度」http://www.mext.go.jp/a_menu/shotou/tokubetu/material/1373341.htm

内閣府政策統括官（共生社会政策担当）付障害者施策担当「障害者差別解消法リーフレット」http://www8.cao.go.jp/shougai/suishin/sabekai_leaflet.html

障害児通所支援に関するガイドライン策定検討会（2015）「放課後等デイサービスガイドライン（本文）」http://www.mhlw.go.jp/stf/shingi2/0000082831.html

全国社会福祉協議会「障害者福祉サービスの利用について平成27年４月版」http://www.mhlw.go.jp/stf/seisakunitsuite/bunya/0000096052.html

コラム　英語で読む特別な教育的ニーズのある子供たちへの支援

2006年国連において「障害者の権利に関する条約」が採択されるとともに，インクルーシブ教育が欧米諸国のスタンダードな教育システムであること，日本においては，「インクルーシブ教育のシステム」の構築が特別支援教育の推進によって取り組まれていることは第13章で説明したとおりである。では，国際社会に向けて，日本の「インクルーシブ教育のシステム」や特別支援教育をどのように説明したらよいのだろうか。

文部科学省，国立教育政策所，国立特別支援教育総合研究所のホームページは，英語で特別支援教育に関する情報を掲載しており，国際社会で特別支援教育を説明する際の参考になる。ホームページに掲載された内容は以下のとおりである。

文部書科学省は “Special Needs Education” と題して特別支援教育の全体像を説明しており，国立教育政策所は，“Special Needs Education in Japan” と “Schools for Special Needs Education in Japan” の２つを掲載し，特別支援教育に至るまでの障害児教育の歴史や，数値を参照しながら特別支援教育の現状を説明している。また，国立特別支援教育総合研究所のホームページでは “Introduction Video for Special Needs Education in Japan” と題して英語を使用した動画（25分）を掲載している。

ここでは，文部科学省のホームページに掲載された “Special Needs Education” の一部分を，特別支援教育に関する英単語を整理したうえで読んでみよう。

【特別支援教育に関する英単語】

- **特別支援教育**　Special Needs Education
- **特別支援学校**　Schools for Special Needs Education
- **通級による指導（通級指導教室）**　resource room
- **特別支援学級**　special class
- **通常の学校（幼稚園，小・中・高等学校等）**　regular school

【“Special Needs Education” 文部科学省ホームページより一部引用】

Special Needs Education is education for students with disabilities, in consideration of their individual educational needs, which aims at full development of their capabilities and at their independence and social participation. Special Needs Education is carried out in various forms, including in resource rooms, in special classes (both are in regular schools), and in special schools named “Schools for Special Needs Education”.

いかがだろうか。特別支援教育に関する英単語を知れば，上記のパラグラフの内容をスムーズに理解できるのではないだろうか。特別支援教育やインクルーシブ教育に関する英単語を自身で整理し，英語で書かれた図書や文献，あるいは諸外国の教育行政のホームページを積極的に参照し，国際的な視野で特別な教育的ニーズのある子供の支援について考えてはどうだろうか。

引用 URL

MEXT（nd）Special Needs Education., http://www.mext.go.jp/en/policy/education/elsec/title02/detail02/1373858.htm

NISE（2011）Introduction Video for Special Needs Education in Japan., http://www.nise.go.jp/cms/12,0,34,147.html

Numano, Taro（nd）Special Needs Education in Japan., http://www.nier.go.jp/English/educationjapan/pdf/201209SEN.pdf

Numano, Taro（2013）Schools for Special Needs Education in Japan., http://www.nier.go.jp/English/educationjapan/pdf/201303SSN.pdf

第14章 キャリア教育

「キャリア教育元年」といわれる2004（平成16）年以来，全国の学校教育現場においてキャリア教育への意識が高まり，校内研究のテーマとしても盛んに取り上げられている。キャリア教育が学校教育に導入された背景には，ニートやフリーター，早期離職の増加といった若年労働者の雇用問題があったことはまちがいない。学校教育から職業生活への接続の改善が課題視され，その対策として，当初は職業教育に近い実践が数多くみられた。同時に，「結局は職業教育と同じでしょ!?」「職場体験や外部講師による講演などイベントをすればいいんでしょ?!」といった誤解を耳にすることも多かった。しかし，10年以上の年月を経て，現在では，キャリア教育は子供たちの「生きる力」を育む生き方支援と幅広く考えられ，職業教育のみにとらわれない社会的自立全般を視野にいれた実践が展開している。

本章では，本書のまとめとしてキャリア教育について概説し，キャリア教育と教育心理学の関係について考察して結びとする。

14.1 キャリア教育とは

14.1.1 「キャリア」とは何か

あなたは,「キャリア」といわれてどのようなことを思い浮かべるだろうか。「あの人のキャリアはすごいねぇ…」「しょせん，キャリア不足なのよ」というときは「職歴」,「キャリア・ウーマン」というときは「仕事ができる」…。このように,「キャリア」という言葉は「仕事・職業」という意味合いで用いられることが多い。

「キャリア」の語源は,「荷車」の意味をもつラテン語「carrus」であるとされる。すなわち,「道に残る車輪の跡，わだち」という意味を元来有する言葉であり,「人生の道筋」をさすと考えられる。

先述のとおり，「キャリア」は，一般的には「職業」と結びついてとらえられがちであるが，キャリアには職業経歴や仕事そのものをさすワークキャリアのみならず，職業生活を含むさまざまな生活場面で個人が果たす役割をふまえた働き方や生き方をさすライフキャリアというもう１つの意味がある。わが国の「キャリア教育」においては，広く後者の立場に立ち，「人が，生涯のなかでさまざまな役割を果たす過程で，自らの役割の価値や自分と役割との関係を見いだしていく連なりや積み重ね」という意味で「キャリア」をとらえることが適切とされている。

14.1.2　キャリア教育の歴史的変遷

わが国の公文書に「キャリア教育」という文言が初めて登場したのは，1999（平成11）年12月に中央教育審議会より出された答申「今後の初等中等教育と高等教育の接続の改善について」である。新卒者のニート・フリーターや早期離職者の増加といった若年者雇用の問題が社会問題として浮上し（藤田，2014），精神的・社会的自立の遅れという子供たちの育ちや働くこと・生きることへの関心・意欲の低下への方策としてキャリア教育の必要性がうたわれたのである。つまり，school to work といわれるような学校から社会への移行の困難への対策として始められたのである。

こうした働くことをめぐる子供・若者の問題は，社会的には2003（平成15）年には省庁の境界を超えた「若者自立挑戦プラン」として政策的対応がなされ，教育現場では，中学校における職場体験の定着に示されるようなキャリア教育の隆盛へと展開し，職業についての教育を，義務教育段階を含めた学校教育が担うこととなった。

14.1.3　キャリア教育の理論的背景：キャリア発達の理論

わが国のキャリア教育は，職業選択を人間の発達過程の一部としてとらえるスーパー（Super, 1957）の職業的発達理論を基盤としている。スーパーは，自己をどのようにとらえていくかという自己概念や，現実の世界とのかかわりとどのように折り合いをつけ統合していくかという観点を入れた一生涯にわたる職業的発達段階を提唱した（表14.1）。また，スーパーら（Super, Savickas, &

表14.1　スーパーの職業発達段階理論

職業的発達段階		説　明
成長段階（誕生～14歳）	空想期（ 4～10歳）	家庭や学校での，主要人物との同一視によって自己概念が発達する。職業については初期には空想と欲求に基づいた考え方が優勢，社会参加が進むにつれて職業への興味や，適性に対する興味が生まれる。
	興味期（11～12歳）	
	能力期（13～14歳）	
探索段階（15～24歳）	暫定期（15～17歳）	学業や余暇活動で，興味・適性・能力に関する自己吟味や，職業に関する情報の探索が始まる。またアルバイトなどの職場に参加する機会を通して，自己吟味を深めていく。
	移行期（18～21歳）	
	試行期（22～24歳）	
確立段階（25～44歳）	修正期（25～30歳）	自分に適した職業分野を見つけて，それを長く続けていこうとする努力がなされる。仕事に対する考え方や価値観が，仕事を進めていく中で修正され，より現実的なものになっていく。
	安定期（31～44歳）	
継続段階（45～64歳）		自分が選択した職業分野での地位が確立し，これを維持し発展させようとする。
下降段階（65歳以上）	減退期（65～70歳）	職業へのスタンスが，積極的な参加者から指導者，観察者へ移り変わっていく。イニシアチブを次世代に譲り渡すことを受け入れることができる。
	引退期（71歳～）	

出所：Super（1957）をもとに筆者が作成

Super, 1996）は，この職業的発達理論をベースにしつつ，職業だけではなく，社会人・家庭人・子供・親など社会において人が果たす役割全般を視野に入れたライフ・キャリアという概念を打ち出した（図14. 1）。

キャリアの発達とは，社会的相互作用のなかで，種々の社会的役割間のバランスを自分なりにとりながら自分らしい生き方を模索し，実現していく一生涯にわたるプロセスなのである。

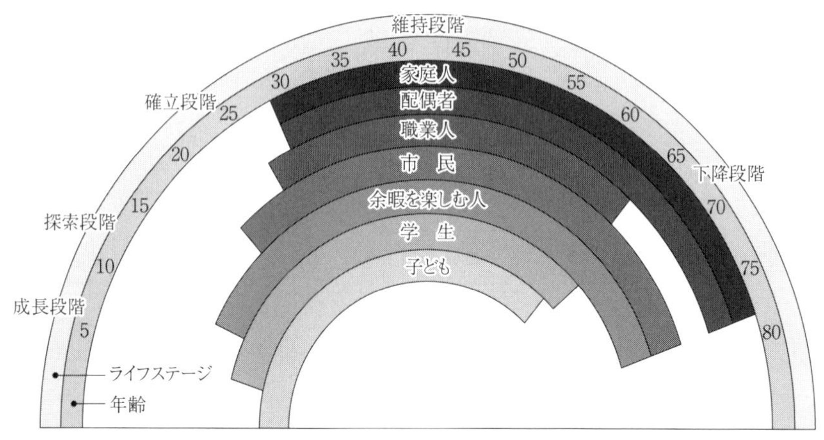

図14.1　ライフキャリア・レインボー
出所：Super, Savickas, & Super, 1996

14.2　キャリア教育を通して育成したい能力

14.2.1　社会的自立のために必要な力とは

キャリア教育のねらいとして，どのような力をつけることがめざされているのだろうか。「人間力」（内閣府，2003），「就職基礎能力」（厚生労働省，2004）など社会で生きていくうえで必要とされるさまざまな力の概念が提唱されているが，社会に出る前に身につけるべき力として最も頻繁に参照されるのが，経済産業省（2006）が提唱した「社会人基礎力」であろう。

「社会人基礎力」とは，産学の有識者が「職場や地域社会で多様な人々と仕事をしていくために必要な基礎的な力」として掲げた能力のことであり，下記3つの能力・12の能力要素から構成されている。主体性・働きかけ力・実行力の3要素から成る「前に踏み出す力（アクション）」，課題発見力・計画力・創造力の3要素から成る「考え抜く力（シンキング）」，発信力・傾聴力・柔軟性・状況把握力・規律性・ストレスコントロール力の6要素から成る「チームで働く力（チームワーク）」の3つの能力である。こうした能力を身につけてから社会に出てきてほしいという産業界の願いは，同時に産業界から教育への要請でもあろう。

「社会人基礎力」は，現状では学校から社会への移行の出口である高等教育において取り上げられることが多い。では，初等教育や中等教育において身につけるべき能力をどのように考えればよいのだろうか。「社会人基礎力」に掲げられた能力のなかには，高等教育段階のみでの育成というよりも，より早い発達段階から長い時間をかけて育むべき能力も数多く含まれている。各発達段階においても，社会の一員となって生活する時を見据えたキャリア発達支援が必要であることはいうまでもない。

14.2.2　職業観・勤労観を育む

キャリア教育が提唱された当初のねらいは「職業観・勤労観を育む」（国立教育政策研究所生徒指導研究センター，2002）ことであった。職業観・勤労観は，「職業や勤労についての知識・理解及びそれらが人生で果たす意義や役割についての個々人の認識であり，職業・勤労に対する見方・考え方，態度等を内容とする価値観」であるとされた。職業遂行上必要な知識や技能を教えることのみならず，働くことにかかわる価値観の育成に焦点があてられた。

この職業観・勤労観の育成をベースにしつつ，より具体的に育てたい力として提唱されたのが，「4領域8能力」（国立教育政策研究所生徒指導研究センター，2002）である。「人間関係形成能力」「情報活用能力」「将来設計能力」「意思決定能力」の4つの能力領域と，各領域において2つの能力を例示している。「人間関係形成能力」の能力例としては自他の理解能力とコミュニケーション能力，「情報活用能力」領域の能力として情報収集・探索能力と職業理解能力，「将来設計能力」領域の能力例として役割把握・認識能力，計画実行能力，「意思決定能力」領域の能力例として選択能力，課題解決能力があげられている。

この能力論はまたたく間に学校現場に広がり，キャリア教育において育てたい力として多くの学校が4領域8能力を基盤とした。

14.2.3　「4領域8能力」から「基礎的・汎用的能力」へ

4領域8能力をキャリア教育のねらいに据えた実践が展開するうちに，「4

領域8能力をねらいに据えさえすればキャリア教育」のような，各学校や地域の特色や児童・生徒の実態を前提としない画一的な運用が目立つようになった。同時に，4領域8能力が職業に直結した狭い領域のみに焦点をあてすぎていること，キャリア発達とは学校教育から社会への移行期のみにとどまらず，より長い，生涯にわたるライフ・スパンを視野に入れて構想されるべきであるとの反省点も浮上した（文部科学省，2011）。

こうした現状をうけて，キャリア教育を通して育成すべき能力として新たに提唱されたのが「基礎的・汎用的能力」である（中央教育審議会，2011）。本答申においては，キャリア教育の基本的な方向性として次の2点があげられた。

表14.2 「基礎的・汎用的能力」の具体的内容

基礎的・汎用的能力	
ア）人間関係形成・社会形成能力	多様な他者の考えや立場を理解し，相手の意見を聴いて自分の考えを正確に伝えることができるとともに，自分のおかれている状況を受け止め，役割を果たしつつ他者と協力・協働して社会に参画し，今後の社会を積極的に形成することができる力。
	具体的要素）他者の個性を理解する力，他者に働きかける力，チームワーク，コミュニケーション・スキル，リーダーシップなど
イ）自己理解・自己管理能力	自分が「できること」「意義を感じること」「したいこと」について，社会との相互関係を保ちつつ，今後の自分自身の可能性を含めた肯定的な理解に基づき主体的に行動すると同時に，自らの思考や感情を律し，かつ，今後の成長のために進んで学ぼうとする力。
	具体的要素）自己の役割の理解，前向きに考える力，忍耐力，主体的行動，自己の動機づけ，ストレスマネジメントなど
ウ）課題対応能力	仕事をするうえでのさまざまな課題を発見・分析し，適切な計画を立ててその課題を処理し，解決することができる力。
	具体的要素）情報の理解・選択・処理等，本質の理解，実行力原因の追究，課題発見，計画立案，評価・改善など
エ）キャリアプランニング能力	「働くこと」の意義を理解し，自らが果たすべきさまざまな立場や役割との関連をふまえて「働くこと」を位置づけ，多様な生き方に関するさまざまな情報を適切に取捨選択・活用しながら，自ら主体的に判断してキャリアを形成していく力。
	具体的要素）学ぶこと・働くことの意義や役割の理解，多様性の理解，将来設計，選択，行動と改善など

出所：文部科学省・国立教育政策研究所（2011）をもとに筆者が作成

○幼児期の教育から高等教育まで体系的にキャリア教育を進めること。その中心として，基礎的・汎用的能力を確実に育成するとともに，社会・職業との関連を重視し，実践的・体験的な活動を充実すること。
○学校は，生涯にわたり社会人・職業人としてのキャリア形成を支援していく機能の充実を図ること。

「基礎的・汎用的能力」の内容は，「人間関係形成・社会形成能力」「自己理解・自己管理能力」「課題対応能力」「キャリアプランニング能力」の４つに整理されている。４つの能力の具体的な内容は表14.2のとおりである

14.3 各学校におけるキャリア教育

14.3.1 小学校におけるキャリア教育

児童期は，１年生から６年生までの多方面にわたる発達的変化のなかで，社会的自立の基盤を築いていく時期である。キャリア発達課題も，学年に応じて変化する（文部科学省，2011）。

①低学年：小学校生活への適応，身の回りの事象への関心を高めること，自分の好きなことを見つけて，のびのびと活動すること。

②中学年：友だちと協力して活動するなかでかかわりを深めること，自分の持ち味を発揮し，役割を自覚すること。

③高学年：自分の役割や立場を果たし，役立つ喜びを体得すること，集団のなかで自己を活かすこと。

こうした各発達段階に応じたキャリア発達課題をふまえ，小学校段階では，学校における係活動や遊び，家での手伝い，地域活動のなかで自らの役割を果たす意欲と態度を育むことが重要とされている（文部科学省，2011）。

14.3.2 中学校におけるキャリア教育

中学校におけるキャリア教育も学校教育全体を通して行う必要があることはいうまでもないが，重要な要素として職場体験をあげることができるだろう。2013年度の全国公立中学校の職場体験活動実施率（１日以上）は98.6%となっている。職場体験には，職業に関する理解を深めるほかに，地域への関心の育

成や自己理解の深化，コミュニケーション能力の向上ほか，多方面にわたる効果が期待される（文部科学省，2005）。

職場体験を充実したものにするためには，事前事後指導の充実が欠かせない。マナー講座やお礼状の指導といった体験学習に付随する社会的基礎知識に関する指導にとどまらず，1年間，もしくは3年間の学習と職場体験活動を有機的につなぐよう努めることが重要であろう（長田，2016）。

14. 3. 3　特別支援学校におけるキャリア教育

特別支援教育においては，従来から障害のある子どもたちの社会的自立の困難は学校段階においても強く意識されており，主に知的障害部門において産業現場などにおける実習や作業学習が「職業教育」として行われてきた経緯がある。学習指導要領の改訂において職業教育とキャリア教育の充実が要点として示されて以来，普通校に一歩遅れてキャリア教育へ関心が向けられ，校内研究課題としても取り上げられるようになった。教師たちの間からは，「職業的自立がむずかしい重度重複の児童・生徒を対象とするキャリア教育といわれてもイメージがわかない」などの声があがりながらも，知的障害を有する子どもを対象とするキャリア発達支援の授業分析や，各障害種の授業実践報告（菊地，2012），発達障害・知的障害のある児童・生徒の自己理解を育むキャリア教育プログラムなどが発表されている（小島・片岡，2014）。

特別支援教育におけるキャリア教育を考える際には，「自立」のとらえ方が鍵となるだろう。「自立」を経済的自立に限定せず，他者からのはたらきかけへの反応を返す，あるいは他者とかかわりながら生活すること，他者からの援助を受け入れつつ自分なりの生活を立ち上げることなど，それぞれの障害の状態にあうように「自立」のとらえそのものを見直す必要があると思われる。インクルーシブな共生社会構築が叫ばれる昨今，さらなる発展が期待される教育分野である。

14. 4　教育心理学とキャリア教育

最後に，本書を通して学んできた「教育心理学」と「キャリア教育」の関連について考えよう。

「教育心理学」は，生涯にわたる学びと育ちを心理学の理論と方法によって検討する学問である。私たちの人生は学びと育ちの連続である。職業的領域にとどまらず，生涯にわたる生活全般にかかわる人生そのものという「キャリア」のとらえに基づくならば，「教育心理学」はまさに「キャリア教育」の基盤となる学問といってよいだろう。

子供たちの健やかな育ちとあらゆる発達段階の人々のよりよいキャリア形成に貢献できる学問として，「教育心理学」が今後も発展することが期待される。

課　題

1．あなたはいつごろから「つきたい仕事」について考え始めただろうか。そしてその「つきたい仕事」はどのように変わってきただろうか。自分のキャリア・イメージの変遷をたどるとともに，今の自分のキャリア・イメージを考えてみよう。

2．幼稚園・小学校・中学校・高等学校・大学の各発達段階に応じたキャリア教育とはどのようなものか，まとめてみよう。

〈より深めるための参考図書〉

児美川孝一郎（2013）『キャリア教育のウソ』筑摩書房

キャリア発達支援研究会（2014）『キャリア発達支援研究１―キャリア発達支援の理論と実践の融合を目指して』ジアース教育新社

渡辺美枝子（2007）『新版 キャリアの心理学―キャリア支援への発達的アプローチ』ナカニシヤ出版

〈引用文献〉

中央教育審議会（2011）「今後の学校におけるキャリア教育・職業教育の在り方について（答申）」文部科学省

藤田晃之（2014）『キャリア教育基礎論』実業之日本社

菊地一文（2012）『キャリア教育ケースブック』ジアース教育社

経済産業省（2006）「社会人基礎力に関する研究会―中間取りまとめ―」経済産業省

小島道生・片岡美華（2014）『発達障害・知的障害のある児童生徒の豊かな自己理解を育むキャリア教育―内面世界を大切にした授業プログラム45』ジアース教育新社

国立教育政策研究所生徒指導研究センター（2002）「児童生徒の職業観・勤労観を育む教育の推進について」文部科学省

国立教育政策研究所生徒指導研究センター（2011）「キャリア発達にかかわる諸能力の育成に関する調査研究報告書」文部科学省

厚生労働省（2004）「若年者就職基礎能力修得のための目安委員会報告書（平成16年７月）

文部科学省（2005）「中学校職場体験ガイド」

文部科学省（2011）「小学校キャリア教育の手引き〈改訂版〉」

内閣府（2003）「人間力戦略研究会報告書」

長田徹（2016）「中学校におけるキャリア教育」小泉令三・古川雅文・西山久子編著『キーワード キャリア教育―生涯にわたる生き方教育の理解と実践』北大路書房

Super, D. E.（1957）*The psychology of careers: An introduction to vocational development.* Harper（日本職業指導学会訳（1960）『職業生活の心理学―職業経歴と職業的発達』誠信書房）

Super, Savickas, & Super,（1996）. The life-span, life-space approach to careers. In D. Brown, L. Brooks, & Associates（Eds.）, *Career choice and development*（3rd ed.）San Francisco: Jossey-Bass.

谷口明子（2015）「病弱児の社会的自立のために“つけたい力”とは―キャリア発達支援の観点からの探索的研究―」『東洋大学文学部紀要教育学科篇』vol.68, 111-120

コラム　病弱教育におけるキャリア教育―病弱児の社会的自立のために必要な力とは

病弱児には，根深い不安や葛藤をかかえがちであるなど，独自の育ちの課題があることが指摘され，将来の社会的自立に困難をかかえることが懸念されている。いっぽうで，治癒率の向上から，病弱児の将来的な社会的自立を視野にいれて療養中の教育を考える必要性が高まっている。では，病弱児の社会的自立のために必要な力とはどのような力なのだろうか。

谷口（2015）は，病弱教育担当教員への自由記述質問紙調査結果を，KJ 法を援用して整理し，病弱児の社会的自立のためにつけたい12の力を明らかにしている。12の力は，自己にかかわる力（①病状コントロールのための自己管理能力，②自分の病気についての理解と受容，③自己肯定感，④自己決定力，⑤あきらめない力，⑥自己表現力），対人関係にかかわる力（⑦友だちづくりなど人間関係形成力，⑧他者を頼ることを含めた援助要請力），学習にかかわる力（⑨学力），ポジティブな心構えにかかわる力（⑩現実的に妥協する力，⑪希望をもつ力，⑫今このときを楽しむ力）の４つに大別される。

これらは病弱児に限定される力ではないものも多いが，とくに社会生活を送るうえで他者から自分の病気についての理解を得，必要な支援を引き出すための「⑧援助要請力」の育成は病弱児独自の教育的課題といえるだろう。

索　引【人　名】

あ行
ヴィゴツキー　43
ウェクスラー　9
エインズワース　20
エビングハウス　92
エリクソン　49
オーズベル　79

か行
カナー　128
ガードナー　8
ギルフォード　7
クレッチマー　10
ケーラー　77
コールバーグ　55

さ行
サーストン　6
シュプランガー　11
スキナー　75
スーパー　148
スピアマン　5
セリグマン　99

た行
ディシ　96

は行
ハヴィガースト　52, 53
パブロフ　73
ハーロウ　18
バンデューラ　78
ピアジェ　34
ビネー　5, 8
ブルーム　105
ホリングワース　48
ホール　48
ボールビィ　18

ま行
マーシャ　51
マーラー　25
ミラー　86
モレノ　64

や行
ユング　11

ら行
ローレンツ　18

わ行
ワイナー　98
ワトソン　76

索　引【事　項】

あ行

愛着障害　24
アイデンティティ　50
アイデンティティ・ステイタス　51
アクティブラーニング　68
アスペルガー障害　129
アセスメント　120
アタッチメント　18
アニミズム　46
アンダーマイニング効果　100
意味記憶　85
インクルーシブ教育システム　137
インプリンティング（刻印づけ）　18
内田クレペリン精神作業検査　14
ASD　128
永続性　37
ADHD　130
エピソード記憶　84, 85
LD　129
援助チーム　121
延滞模倣　38

か行

外言　43
開発的教育相談　117
外発的動機づけ　95
カウンセリング　120
拡散的好奇心　96
学習障害　129
学習性無力感　99
学級風土　66
観察学習　78
観察法　2
寛容効果　112
基礎的・汎用的能力　152
期待―価値モデル　101
機能的自律　100
基本的信頼　50
記銘方略　89
キャリア教育　147
ギャング集団　61
9歳の壁　42
教育相談　114
教育評価　105
強化　74
境界人　47
共生社会　137
協同学習　68
形成的評価　106
系統的脱感作法　82
系列位置効果　87
系列化　42
ゲス・フー・テスト　65
結晶性知能　7
原因帰属　98
健康障害　134
原始反射　36
構成主義的教授法　68
行動療法　82
光背効果　111
合理的配慮　137
交流及び共同学習　137
心の理論　40
個人内評価　109
ごっこ遊び　34
古典的条件づけ　73
個別の教育支援計画　143
個別の指導計画　143
コンサルテーション　121
コントロール可能性　98

さ行

再生　83
再認　83
作業検査法　14
三項関係　38
漸成図式　49
シェイピング　82
識別力　110
ジグソー法　69

自己決定理論　96
自己実現の欲求　94
自己中心性　34
自己評価　107
実験法　3
実行機能　33, 41
疾風怒濤　48
質問紙法　2, 13
自発相談　119
自閉症スペクトラム障害　128
社会人基礎力　150
社会的参照　20
社会的促進　63
社会的抑制　63
集団規範　62
集団準拠評価　108
守秘義務　119
準拠集団　60
障害者の権利に関する条約　137
消去　74
職業観・勤労観　151
職業教育　154
職業的発達段階　148
職場体験　153
初頭効果　87
処理水準アプローチ　88
自立活動　141
新近効果　87
診断的評価　106
信頼性　110
心理・社会的危機　49
心理・社会的モラトリアム　51
心理的離乳　48
スキーマ　76
スクールカウンセラー　120
スクールソーシャルワーカー　121
ストレンジシチュエーション法　21
スモールステップ　79
精神年齢　8
精緻化リハーサル　89
生理的早産　17
絶対評価　108
宣言的記憶　84
先行オーガナイザー　80
漸成説　26
センター的機能　136
総括的評価　106
相互評価　107
相対評価　108
ソシオグラム　64
ソシオメトリック・テスト　64
ソーシャルサポート　125
ソーシャル・ネットワーク理論　26

た行

大脳皮質　32
多因子説　6
多次元モデル　7
他者評価　107
多重知能説　8
達成行動　101
達成動機　101
妥当性　110
短期記憶　85
知的好奇心　95
知能　5
知能検査　8
チーム学校　122
チャンク　89
チャンス相談　118
注意欠陥多動性障害　130
長期記憶　86
直接教授法　67
貯蔵庫モデル　85
通級指導教室　139
通級による指導　135, 139
TAT　14
DSM-V　127
定期相談　119
適性処遇交互作用　15
テストの標準化　111
手続き的記憶　84
天井効果　112
動因　94

投影法　13
動機づけ　93
道具的条件づけ（オペラント条件づけ）　75
道具の動機づけ効果　101
洞察による学習　77
統制の位置　98
特殊的好奇心　96
特性論　12
特別支援学級　135
特別支援学校　135
特別支援教育　135

な行
内言　43
内的作業モデル　22
内発的動機付け　95
7±2　86
二因子説　5
認知心理学　76

は行
ハインツのジレンマ　55
バズ学習　70
発育スパート　48
発見学習　80
発達加速現象　49
発達障害　126
発達障害者支援法　126
パフォーマンス評価　113
ハロー効果　111
般化　74
半構造化面接　3
反転授業　70
ピア・レイティング　107
ピグマリオン効果　67, 112
ビッグファイブ　12
病弱児　134
病弱・身体虚弱教育　134
表象機能　37
プログラム学習　79
プロジェクト学習　70
分化　74
分離一個体化家庭　25
偏差値　109
放課後等デイサービス　144
ポートフォリオ効果　113
補充指導　143
ホスピタリズム　18
保存の不成立　39

ま行
3つ山問題　39
無意味綴り　92
メタ認知　41
面接法　3
目標準拠評価　108
モデリング　78
問題解決的（治療的）教育相談　117
問答法　67

や行
薬物療法　131
有意味受容学習　80
誘因　95
養護教諭　116
予防的教育相談　117
呼び出し相談　118
4領域8能力　151

ら行
ライフキャリア　148
ライフキャリア・レインボー　150
リーダーシップ　66
流動性知能　7
類型論　10
レスポンデント条件づけ　73
ロールシャッハテスト　14

わ行
Y-G性格検査　13

〈編著者〉

谷口　明子（たにぐち　あきこ）　東洋大学文学部 教授

東京大学大学院教育学研究科博士課程修了。博士（教育学）
武蔵野大学・山梨大学を経て現職。専門は，教育心理学・発達心理学・特別支援教育（病弱）。
主な著作：『長期入院児の心理と教育的援助：院内学級のフィールドワーク』（単著）東京大学出版会，2009年／『臨床実践のための質的研究法入門』（共訳）金剛出版，2007年／『子どもの育ちを支える教育心理学入門』（編著）角川学芸出版，2007年／『教育心理学研究の技法』（共著）福村出版，2000年／「病院内学級における教育実践の特徴：質的研究法による実践の特徴カテゴリーの抽出」『教育心理学研究』53（3），2005年など

廣瀬　英子（ひろせ　えいこ）　上智大学総合人間科学部 教授

東京大学大学院教育学研究科博士課程単位取得満期退学。博士（教育学）
上智大学総合人間科学部准教授を経て現職。専門は，教育心理学。
主な著作：『子どもの育ちを支える教育心理学入門』（共著）角川学芸出版，2007年／『教育心理学―〈エクササイズ〉で学ぶ発達と学習』（共著）建帛社，2002年／「正答に至るまでの解答経路を用いた被験者特性値の推定」『日本教育工学雑誌』23（2），1999年／「進路に関する自己効力研究の発展と課題」『教育心理学研究』46（3），1998年など

育ちを支える教育心理学

2017年3月30日　第1版第1刷発行
2025年1月30日　第1版第5刷発行

編著　谷口 明子
廣瀬 英子

発行者　田中千津子　〒153-0064　東京都目黒区下目黒3-6-1
電話　03（3715）1501㈹
FAX　03（3715）2012
発行所　株式会社 学文社　https://www.gakubunsha.com

印刷　亜細亜印刷
乱丁・落丁の場合は本社でお取替えします。
定価はカバーに表示。

ISBN 978-4-7620-2694-2